U0561908

[奥] 马蒂亚斯·萨特 / 著
乐竞文 / 译

Die Entdeckung der Geduld

Ausdauer schlägt Talent

耐心比天赋更重要

陪孩子走向最美的未来

SSAP 社会科学文献出版社
SOCIAL SCIENCES ACADEMIC PRESS(CHINA)

中文版序

献给所有欣赏耐心价值的读者

我很高兴，也十分荣幸能为这部关于耐心的作品写中文版的序言。

本书是用德语完成写作并出版的，它曾在 2014 年位列奥地利非小说类图书畅销榜。尽管获得了如此大的成功，我也没有想到它有朝一日能与世界上最大的读者群体——中国读者见面。直到我的长期合作伙伴裘建颖博士帮助我与社会科学文献出版社建立了联系，才使这一切成为可能。

在这篇序言的开始，我首先对裘建颖博士和社会科学文献出版社的支持表示诚挚的感谢。他们为了完成这本书中文版的出版所付出的长期努力和耐心，正是本书核心主题的一个典型事例，即日常生活中耐心的重要性。

对于我这样的行为经济学家来说，耐心意味着能着眼于未来较大的收益而放弃眼前较小利益的能力。这不是一项简单的任务，不可否认的是，立即得到某些东西的诱惑总是会分散我们在面对未来较大收益时的注意力。打个比方，我来自阿尔卑斯山地区，攀登高峰需要付出大量的努力和汗水，停留在河谷平原当然要容易得多。然而，付出汗水带来的是登上山顶的终极奖励，俯瞰下面的河谷平原，享受“会当凌绝顶，一览众山小”的壮观景色。付出努力攀登高峰后欣赏到壮观的景色，就好比经过多年在校苦读而获得更高的学历，攻克许多困难项目后在公司晋升更高的职位，进行体育锻炼和通过均衡的饮食习惯获得良好的健康状况。所有这些事例都表明了权衡当下与未来的必要性。

本书论述了为什么耐心，即能够放弃当下较小的利益而追求未来较大利益的能力对于人生至关重要，耐心如何回报教育、职业生涯、收入和财富，还有健康。本书还探索了耐心的根源，回到人的童年，研究可靠关系的影响。最后，提供了关于如何提高耐心度从而能够使人长期受益的深入见解。

我在与裘博士和其他一起进行研究工作的合作者的谈话中发现，在中国，对于当下与未来的权衡的张力十分强烈。在经过了过去很长一段时间相对恶劣的生活条件之后，最近几十年的经济繁荣为人们创造了快速致富的机会。为了抓住这些机会，短期利润可能会比长期利益更具有吸引力。对环境的破坏可能就是这样一个例子，为了赚更多的钱而超长时间地工作，用健康换取财富则是另一个例子。

然而，社会的群体性急躁与个体的耐心之间，形成了鲜明的对比。中国经济的崛起需要以能够自愿放弃即刻享受的机会而投资于未来的人民为基础。从这个角度来看，最近的一项关于耐心程度的调查对于中国来说非常令人欣慰。这项关于耐心程度的全球性调查发现，中国位于“高耐心度”国家之列。由波恩大学的阿明·法尔克（Armin Falk）教授领导进行的这项调查基于76个国家和地区的代表性人口样本，通过调查参与者对当下较小金额和一年后较大金额的钱数的权衡对他们的耐心程度进行评测。中国的调查参与者更愿意选择一年后的较大金额而不是马上得到较小金额，耐心程度与法国和英国的水平相当，因此，在全球范围内，中国似乎是最有耐心的国家之一。但是，这并不意味着中国读者无须阅读此书，相反，了解到更多的关于耐心的重要性、耐心的根源，以及耐心可能带来的结果的知识，对于任何年龄段的人都十分必要，尤其是孩子的家长。

希望这部作品，可以帮助到你！

马蒂亚斯·萨特

2016年4月

目　录

一 克拉拉和埃尔克的故事：本书要讨论的主题

小熊软糖和新年决定

6 岁的一年级小学生们正坐在他们的座位上画画，这是图画课的时间。学校里的一天就快过完了，再过 15 分钟，今天的 4 个小时课程就结束了。对于许多孩子来说，按时上学，安静地坐 4 个小时，全神贯注地参与，并不是件容易事。

忽然，班主任老师从她的包里拿出了很多小袋装的小熊软糖。她给 20 个孩子每人都放了一袋打开包装的小熊软糖在课桌上，又在旁边放了一袋没打开包装的。老师说："你们今天都很勤奋。接下来的 15 分钟你们可以继续画画。谁想要吃打开包装的小熊软糖，现在就可以吃。但是你们之中，谁能够在 15 分钟之后的下课铃响起之前，不从打开的包装中拿糖吃，谁就可以把没有打开包装的另一袋小熊软糖也拿走。在下课之前吃了打开包装的软糖的，可以把这袋吃完，但是不能得到没打开包装的那一袋。"

克拉拉和埃尔克坐在一起，她们俩是好朋友，尽管她们性格迥异。埃尔克热情冲动，而克拉拉总是在做出决定之前进行透彻的分析。她们都爱吃小熊软糖。埃尔克抑制不住从老师那里得到小熊软糖的喜悦，抓起打开包装的糖就吃了起来。“克拉拉，”埃尔克说，“真好吃，快尝尝！”但是克拉拉把两个小袋都推到一边，藏到了颜料盒下面，继续画画。埃尔克的小熊软糖味道很香，所以克拉拉只能让自己的注意力更加集中在她正在画的一只蜜蜂上。终于，15 分钟之后，下课铃响了，克拉拉把两袋小熊软糖都放进她的书包，脸上绽放着喜悦。“明天见！我会在家享用我的两袋糖。”在各奔东西回家之前她向好朋友埃尔克说。

克拉拉和埃尔克在她们后来的生活中没有失去联系。她们的友谊虽然不像一起度过很多时光的孩童时代那样浓烈，但是她们经常在一起迎接新年。她们现在都 35 岁了。这一天，埃尔克邀请了克拉拉。

埃尔克住在一间小公寓中。作为餐饮行业的一名帮工，她租不起更大的公寓。能够有个工作她已经很高兴了，因为前些年她经常失业。那时候的她连这样一间公寓都租不起。为了尽快自己挣钱，她 16 岁就辍学了。开始当售货员，后来当保洁员，在经历了很多次失业之后，她进入了餐饮行业，在这个行业里，冬季和夏季的大部分时间她可以工作。职业生涯中经常出现的不安全感一直都在困扰着她。只有生活中的一些小喜悦带给她慰藉：一支香烟、一小杯葡萄酒，还有她特别爱吃的美味巧克力，尽管她总是梦想着自己能更瘦一些。

“我给你带了礼物。”克拉拉走进公寓的时候说。克拉拉大学攻读的是医科，30岁完成了妇科医生的职业教育。从那时起，她进入了一家私人医院，工作很有成就。她依然爱吃小熊软糖，除此之外她饮食很均衡，定期运动，心满意足地生活在市中心宽敞的顶层公寓里。

“快拿出来！我能现在就把礼物打开吗？”埃尔克刚挂起克拉拉的外衣，把她引到精心布置好的桌子前就迫不及待地问。“当然了，和往年一样。”克拉拉说。埃尔克也给克拉拉准备了礼物，克拉拉把礼物先放在一边，表示了感谢，看着埃尔克拆礼物。之后，她们热络地聊起了过去的一年和她们各自的新鲜事。

午夜时分，她们为新的一年举杯庆祝。埃尔克对克拉拉说：“我告诉你了吗，明年9月我要开始学制4年的夜校学习了。我知道，我那时本来应该在学校待到高中毕业的。我会最终补回来的，在夜校的凳子上坐4年。你知道我的，耐心和持久不是我的强项。但是，我确定，这次我一定能完成。然后我就能找一个好一些的长期的工作。”

克拉拉祝福她的计划能一切顺利，特别是在持久性这一点上。她心里希望埃尔克这次能达成所愿，她还记得她的朋友在以往的新年时做过的许多决定。哪怕出于最好的意愿，她也坚持不下来。克拉拉不做特别的新年决定。她在所有的日子里都周密计划，设立她能够一步一步实现的小目标，她从学校和职业教育中学习到“后劲儿”是通向成功的钥匙。

本书的主题：
耐心和急躁，当下与未来

前面所述克拉拉和埃尔克的故事纯属虚构。但这个虚构的故事引出了本书的主题。首先是关于耐心和急躁对于人生的意义。其次是关于这个明显的矛盾——许多人在当下是急躁的，因而做出了短期决策，而这种当下的做法与他们对于未来那些需要极大耐心的计划不相适。

我描绘了克拉拉和埃尔克人生的两个瞬间，先是一段童年的插曲，然后是她们成年时的一次聚会。还是孩子的时候，克拉拉就能够为了第二袋小熊软糖等待 15 分钟，

而埃尔克则做不到。

这本书的第一个核心问题就是：童年时代耐心和自我控制的程度和之后的人生是否有关联。这个问题的答案是非常清晰而肯定的。耐心的孩子与急躁的孩子在他们以后的人生中，作为成年人，在许多方面的差异是令人惊讶的。这些一般表现为受教育程度、财务状况、健康状况，或者沦为“瘾君子”的概率。

作为成年人，埃尔克制订的未来计划是需要毅力和耐心的，但她当下的行为不符合要实现这个未来计划所必备的行动——为了尽快地挣钱她已经辍学；收到新年礼物就迫不及待地打开。我们在这样的人身上经常能够观察到，他们在当下表现急躁却期待在未来有“耐心”。我们自身也常常是这样的。明天去做那些今天就该做的事好像会更容易：明天开始戒除一个恶习，比如抽烟或者暴饮暴食；明天开始存一些养老金；明天开始有规律地运动。当“明天”到来时，那些“昨天”的决定很快就没了踪影，人们似乎总是趋向于把那些好的决定推迟到以后的日子中去完成。

本书的第二个核心问题是：人们这种在当下急躁而在未来计划中“耐心”的倾向是从哪里来的？怎样区分这样的人与那些在耐心这件事上对待当下与未来没有区

别的人?

对于当下和未来的衡量从我们的童年时代起就给我们的人生打上了烙印。有趣的是这之间的矛盾性：人们在当下有所收获，而通过当下的耐心和劳动投入能够在未来有更多回报的时候，这种权衡才会出现；在相反的情况下，这种决策问题就变得微不足道了。如果等上 15 分钟只能得到一袋小熊软糖（而现在能拿两袋），谁不马上拿两袋呢？所以整本书都围绕“今天少些，明天多些”这个抉择。比如在学生时期，这个抉择是关于把更多的时间用于学习还是和朋友们玩耍。只有选择学习，才能收获长期的学业上的成绩及与之相连的未来职业上的成就。这里所谓的“今天少些”是指投入更多的时间学习而少一些时间玩耍。制定长远的目标，为之努力，并且不用督促，这对孩子们来说并不容易，是需要帮助才能够完成的。由此可见，儿童的家庭和学校环境在他们权衡当下和未来时扮演着重要的角色。在青少年时期，“今天少些”或者“明天多些”的问题又被提出来了。青年人在义务教育结束之后面对这样的抉择：为了尽快独立、赚钱而马上开始工作，或者继续学习深造，暂时没有直接的收入。继续教育，特别是高等教育通常会在未来带来更高的收入，并且降低失业的风险。大学学历者的失业率是所有教育层次中最低的，据统计，在奥地利和德国都只有大约2%。而想要获得这些，就需要放弃多年的收入去继续学习；也就是为了“明天多些”，“今天”只有很少甚至没有收入，并且为了接受高等教育必须付出努力。

用“今天少些，明天多些”的视角还可以审视那些与我们的健康直接相关的决定。吸烟就是一个例子。人们常常在青少年时期因为在亲友圈子中追求归属感或者出于对榜样的模仿而开始吸烟。戒烟需要一些和耐心很相近的品质：自我控制能力和长期的毅力。因为戒烟非常困难，所以在这一点上最好的健康预防办法就是不吸烟。从长远来看，吸烟对健康的负面影响不容忽视，即使它短期内会带来社交圈内的认同或者让人获得片刻的享受。健康的生活方式是对未来而言的。

成年后我们基本上每天都面对这种“今天少些，明天多些”的抉择。一个最典型和最重要的例子就是养老问题。随着人们寿命的不断增长，国家养老金系统中领取养老金的人数相对于工作的人数（缴纳养老金的人数）不断增加，致使国家养老金在未来几十年中越来越失去意义。而为了保持原有的生活水准，私人养老变得日益重要起来。企业退休年金作为养老的第三根支柱，一定程度上降低了私人养老的必要性，但并没有让私人养老成为过时的方式。私人养老意味着，放弃“今天”的消费（如旅游、昂贵的汽车或者其他的爱好）而在老年时拥有更好的财务保障。所谓“明天多些”是通过放弃“今天”的某些消费得以实现的。另一种可能就是，“今天”多消费一些，而在老年的时候少得到一些。

上述事例很好地说明了，人们的理念在权衡当下和未来之间发挥着显著作用。当某人更注重“消费”这个理念，即“今天多些”时，那么“养老储蓄”这个理念就显得不那么具有吸引力了。当人们还是孩子时，会牺牲学习时间而换取更多的自由玩耍时间，即“今天多些”。然而，他们在意识里很清楚，这样做可能会导致“明天”的自由时间减少，因为那些内容是早晚都要学习的。

这个概念总是和总体目标相联系。在上述这些事例中，总体目标是“学习成果和良好的教育”“健康的生活方式”和“足够的养老金”。基于这些目标才会有关于当下和未来的衡量，也就是我所谓的“今天少些，明天多些”。

关于语言在人们对当下和未来的衡量中扮演的重要角

色，我会在后面详细论述。

首先我想要简述本书每一章的主题。

心理学家们——首先是沃尔特·米歇尔（Walter Mischel）——花了几十年时间来研究怎样测量儿童的耐心，哪些因素会对耐心产生影响以及这些与孩子们成年之后的人生道路有什么样的联系。在这一章的结尾，我将介绍沃尔特·米歇尔关于测试儿童耐心的一项研究。这项著名的研究在今天被称为“棉花糖实验”。

第二章介绍了多种测试耐心的可能性以及忍耐度从幼儿园时期至成年初期如何发展的实证数据。这一章的重点在于，调查中，对于同一个人耐心的测试随着时间的推移是否得出相同的，或者退一步讲，类似的结果。只有当这一点成立，儿童时代的耐心（或急躁）才可能对一个人的长远发展具有重要影响。

第三章阐述的是耐心与健康的关系。不佳的健康状况会导致我们在劳动力市场上的机会大打折扣，会带来更大影响的是成瘾行为，本章中也阐述了成瘾行为和耐心之间的关系。

第四章将有条理地切入一个常见的现象：那些在此时此地急躁的人计划着在未来具有耐心。这把我们带回了之前谈到的“新年决定”，这表现出许多人常常在短期内急躁，而却要制订长期的耐心的计划。这方面的知识对于第五章至关重要。

第五章研究了职场上和财务上的结果。说明了持久力对于辛苦的工作（如长途货车司机）、失业人员重新找到工作，或者从业者信用卡债务的高低等的作用。

第六章为如下的命题提供了证据：相对于急躁的孩子，有耐心的孩子在成年后更有成就和更健康。这一章的依据来源于科学研究，在这项研究中，实验者从实验参与者的童年时期（有的只有 4 岁）开始对他们几十年的人生道路进行跟踪，来检验儿童时代的耐心是否会带来益处。

第七章研究的是原生家庭的影响。有些问题是核心问题：母乳喂养的孩子更有耐心吗？家境优越的孩子会更有耐心吗？以及其他的问题，如成年人能否言出必行是否会影响孩子的耐心。

第八章研究可知的和不可知的能力之间的关系。尤其是，人的耐心和智力之间的关系。可能耐心的意义最终只是一个智力的问题。

第九章探索人类语言对于做出当下和未来的决定所起

到的重要作用。介绍语言学中一个与此相关的有趣假设，不同的语言因其不同的语法对于未来事件的所指不同。如果人们在一种语言中能够用现在时表达未来，那么计划中的决定就会显得更容易实现。

第十章解释人类的大脑中哪一区域负责“短期急躁，长期耐心”，这种差异被解释为“不一致行为”。这是由于不同脑区直接的交替变化造成的。

第十一章讨论如何驯服急躁这个问题。近几年，不同的行为学研究带来了有趣且很有帮助的成果，能够减少急躁行为带来的负面影响。

第十二章总结了本书的主要见解。

沃尔特·米歇尔的“棉花糖实验”

出生于奥地利的沃尔特·米歇尔是美国哈佛大学、斯坦福大学和哥伦比亚大学的心理学教授，从20世纪60年代晚期至70年代早期，他所感兴趣的课题是：学龄前儿童和入学初期的儿童是否能够为了得到奖励而付出等待，为了得到奖励而等待的时候他们会运用何种策略。为此，他进行了一项大规模的系列研究，这项著名研究在今天被称为“棉花糖实验”，因为许多孩子在实验中会得到一种差不多所有孩子都非常喜欢的甜食——棉花糖。除了棉花糖，米歇尔还使用了饼干和面包圈。

在典型的“棉花糖实验”中，4～6岁的孩子被带进装饰极其简单的实验室，面对如下选择：孩子面前的桌子上放着一块棉花糖，实验者告诉孩子，他因为另外一项工作必须离开这个房间，孩子如果想吃棉花糖时，可以按下呼叫铃呼叫实验者，实验者就会马上回来，孩子就可以吃棉花糖了；如果孩子能在按下呼叫铃前等到实验者回到房间，那么实验者就会给他第二块棉花糖，他可以同时吃两块棉花糖。在这里，实验者并没有告诉孩子，即使铃声不响，他也会在15分钟后回到房间。也就是说，需要等多长时间对于孩子来说是未知的。实验室布置得极其简单，这是为了使孩子在实际任务中不会被其他事物转移注意力。每一个参加实验的孩子都坐在放有一块棉花糖的桌子前，除此之外，房间里没有任何能让孩子消遣的事物。

沃尔特·米歇尔希望通过这个实验检验出，儿童在多大年龄时能够学会在他们行动时把未来考虑在内，为了未来的一个有追求价值的奖励而等待。最终的问题是，儿童在何时能够发展出具有前瞻性的行动策略，这样的行动需要自我控制力和意志力。因为自我控制力和意志力难以测量，所以米歇尔为此设计出了这样一项实验，在这项实验中使用了一种近似度量。“棉花糖实验”启用了一个“度”，这个“度”代表着一个孩子在按下呼叫铃，想要吃第一块棉花糖前所能等待的时间。在不同的实验中，4岁孩子的这个“时间度”为 6 ~ 10 分钟。每个孩子所能等待的时间不同，从马上吃掉棉花糖直至等到实验者回来之间的差距是非常大的。极少数孩子马上就吃掉了第一块棉花糖，而另一小部分孩子能等到实验者回来。这期间不同长短的等待时间被米歇尔解读为衡量耐心和自我控制的“度”。

儿童的这种行为是否有可能是他进一步成长为青少年，甚至成年人的一个指标？在这项研究刚开始的时候，米歇尔对上面这个问题并不是特别感兴趣。这之间的联系是通过对同一组儿童后来几年甚至几十年的后续跟踪研究才发现的。对此，本书在后面将更多地讲述。米歇尔的直接兴趣首先在于，是什么样的策略能够使儿童的等待变得容易，从而支持他们的前瞻性行为。

有些孩子马上把棉花糖拿在手中闻起来，也许他们这么做是为了让他们的期待更强烈，但是对渴望对象的闻嗅大多会导致先咬棉花糖一小口，然后马上吃掉剩下的整块，这样的孩子大多连按铃呼叫实验者都等不及。注意力集中在棉花糖上的结果多会使孩子不能等到实验者15分钟之后回到房间里来。

孩子们的另一个常见反应是转过身或者用手挡住脸。这样的行为很明显的作用是不必看着棉花糖。真是应验了那句老话：眼不见，心不烦。使用这种策略的孩子，哪怕不能全都坚持到实验者回来，也能在他们吃掉棉花糖之前等待更长的时间。

第三种常见的行为是：孩子开始唱歌，或者开始试图转移注意力。在我们开始时讲述的克拉拉和埃尔克的故事中，克拉拉把注意力集中在画蜜蜂上（另外还把小熊软糖推到颜料盒下面藏起来）。把注意力集中在另一件事上，这种办法一般会使孩子等到实验者回来，从而得到第二块棉花糖。这种策略常常能够使孩子按捺住吃掉桌上棉花糖的冲动。

“棉花糖实验”启发了一整代的心理学家。沃尔特·米歇尔的研究工作也让经济学家们着迷，因为它为经济学核心研究中的一个简单问题的解决提供了帮助，就是那个经典的决策问题：在一个较近的时间点较少获利，还是在一个较远的时间点较多获利。经济学家们马上就会联想到一个典型的例子“储蓄”。传统经济学中的研究重点是一个国家的储蓄率。一个国家国民经济中的储蓄越多，也就是说人们愿意放弃当下的消费，就能够在未来进行更多的投资，比如在教育或者基础建设领域投资。经济学中的行为科学革命这几年来已经把视角从国民经济领域转向个人层面，试图研究某些行为，例如耐心与经济结果之间的联系。在这里我们要探讨的问题是，耐心人群与不耐心人群之间是否有差别以及有怎样的差别；这些差别会导致他们在职场成就和健康方面有怎样的不同结果。从这个针对个人的视角出发，我写了本书后面的章节。

如何衡量耐心

耐心在童年和青少年时期是怎样发展的

在前一章的故事中，克拉拉和埃尔克需要在马上得到一包小熊软糖和15分钟后得到两包小熊软糖之间做出一个一次性的决定。在沃尔特·米歇尔的“棉花糖实验”中，孩子们只需要做一个决定，即马上吃掉一块棉花糖还是为了两块棉花糖而等待。

在行为经济学中测量耐心时，研究参与者却不只是要做出一个决定，而往往是必须做出多个决定。这时，可能得到的奖励将在未来逐渐增加，以此衡量多么诱人的未来奖励才能使研究参与者抵御当下的小奖励的诱惑。这正符合经济学家的典型法则，即一切（几乎）都是有价的。事实上，对于未来的等待确实是有价的，这个所谓的“价”就是对于当下消费的放弃。人们愿不愿意等待取决于对当下消费和未来消费可能性的诱人程度的对比。这个基本原则适用于与未来有关的所有决策。例如，不断增加的利息会使人们更多地储蓄，因为放弃当下的消费能够在未来获得更多的收益。与之道理相同，人们乐于去完成一个良好的但用时较长的职业教育（也相当于投资），因为这能够使职业和收入的前景变得更加诱人。如果良好的职业教育在职场中几乎没有什么作用的话，人们就不会这么做了。

当研究参与者必须做出多个决定时，之前所做的决定会对他之后的决定产生影响。例如，人们不能无限地重复选择是马上能够得到一包小熊软糖还是15分钟后得到两包小熊软糖，因为一定时间之后人们就对小熊软糖不那么感兴趣了，马上得到一包还是等待15分钟后得到两包也就无关紧要了。基于上述原因，必须做出多个决定的研究参与者会被告知，他的多个决定中最终只有一个有效，而到底是哪一个，要等到最后才能揭晓，如通过掷骰子或者抽签决定。在这样的情况下，研究参与者则被提示对每一个决定都要尽可能地严格对待，就像每一个决定都切实有效一样。

那么，耐心是如何演变的？下面三节将展示在（奥地利）北蒂罗尔和（意大利）南蒂罗尔的调查研究结果。对3～18岁的参与者的调查数据表明，对其年龄与耐心的研究结果与在美国和欧洲其他地区的许多研究得出的结果非常相近。

3 ~6 岁儿童的耐心

2012 年，奥地利因斯布鲁克大学对因斯布鲁克市以及周边的多所幼儿园进行了调查，参与调查的儿童多达 362 名。参与调查的每个孩子需要做出两个决定：第一个决定，在当天得到 1 件礼物和第二天得到 2 件礼物之间做出选择。第二个决定，在当天得到 1 件礼物和第二天得到 3 件礼物之间做出选择。第二个决定中等待所带来的结果比第一个决定中的诱人。作为礼物，实验者们准备了许多种小东西和食品，如小贴画、铅笔、橡胶手环、小笔记本、橡皮、水果和糖果等，孩子们可以从中选择。为了使孩子们相信他们可以选择马上得到 1 件礼物或者第二天得到更多的礼物，实验者们在第二天又去了幼儿园。

在幼儿园里进行这样的调查研究并不简单，科学研究人员遇到了不少挑战。当“客人”（这里指大学的研究人员）来到孩子们的班组时，大多数儿童都很兴奋。研究人员用游戏的方式给孩子们讲解了需要做出的决定，在这个游戏中，他们能得到礼物。礼物堆在孩子们可以看得到的房间角落里。游戏由一名受过训练的研究人员面对面地解释给每个孩子。为了确保每个孩子都掌握了游戏规则，这些规则是做出判断的条件，讲解过程中研究人员会要求孩子重复讲解过的规则的某些部分。当某个孩子重复起来有困难的时候，研究人员会给他重复讲解这部分规则。有个别孩子会在重复讲解一两遍之后还是不明白某些决定的后果，他们仍然会被允许参加游戏并得到礼物，但是在做数据分析的时候，这个孩子的决定会被排除在外。在北蒂罗尔幼儿园参加调查的362名儿童中，有51名出现了理解困难，他们大多是3~4岁的儿童。这意味着，接下来的调查结果实际参考了311名儿童所做出的决定。

调查的结果显现出由两个决策引出的4种可能的决策组合。

1. 孩子在做两个决策时都选择在当天得到1件礼物，无论如何不愿意等到第二天得到2件或3件礼物。这种决策组合是最不具有前瞻性的，换一种说法就是：这样的孩子是相对而言比较不耐心的。

2. 孩子在做第一个决策时选择当天得到1件礼物，在第二个决策时选择第二天得到3件礼物。与做出上一个决策组合的那些孩子相比，能在第二个决策时等待的孩子已经多一些耐心了。

3. 孩子在做两个决策时都选择等待，每次都选择第二天得到数量多的礼物。做出这种决策组合的孩子是最有耐心的一组。

4. 孩子在做第一个决策时选择第二天得到 2 件礼物而在做第二个决策时选择当天得到 1 件礼物。这样的决策组合其实是矛盾的。孩子为了第二天得到 2 件礼物而放弃当天的 1 件礼物，但是却不愿意为了 3 件礼物而等待（其实得到 3 件都应该比得到 2 件更好），这样的矛盾在做决策的时候也是会出现的，不光是儿童，成年人有时也会出现，但是出现的概率比较小。而且，这种矛盾选择在儿童中出现的概率一般会随着研究参与者年龄的增长而减少。

图 2－1 中显示了上述可能出现的 4 种决策组合，对每种组合的描述以及做出这种决策组合的儿童的年龄和百分比。幼儿园中 3 岁的幼童被单独标注：最小的（3～4 岁），中等大的（4～5 岁），最大的（5～6 岁）。

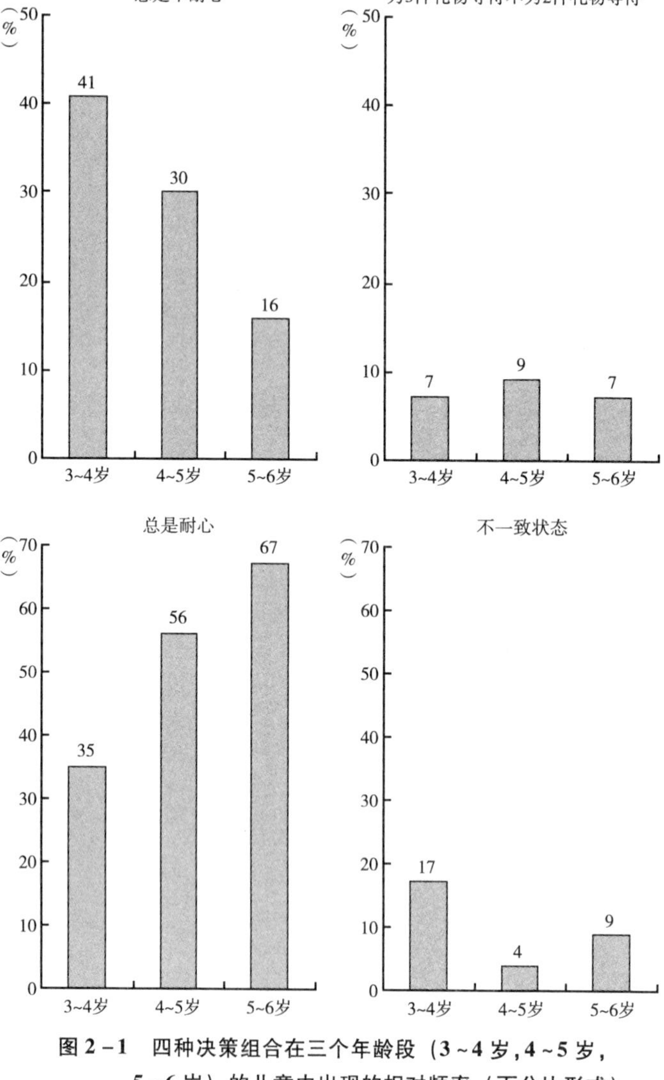

图 2-1　四种决策组合在三个年龄段（3~4 岁，4~5 岁，5~6 岁）的儿童中出现的相对频率（百分比形式）

来源：Sutler，Angerer，Glätzle-Rützler and Oberauer（2013）。

左上图（标题为“总是不耐心”）是在两个决策中都马上要礼物而不肯等到第二天得到2件或3件礼物的孩子所占的百分比。这一组是最没有耐心的孩子。他们在3～4岁幼童中所占的百分比最高，是41%，这个比例在幼儿园阶段会随着年龄的增长而降低。在5～6岁儿童中所占的百分比为16%。这个数据非常清晰地显示出，幼儿园儿童随着年龄的增长能更好地压制马上得到一个礼物的冲动，从而更好地等待。

右上图（标题为“为3件礼物等待不为2件礼物等待”）这一组，代表的是当第二天可以得到3件礼物时愿意等待，而第二天可以得到2件礼物时则不愿意等待的儿童所占的百分比。这些孩子原则上来讲可以等待，但是等待的奖励要足够丰厚，否则对于这些孩子来说等待是不值得的。属于这一组的儿童相对较少。在每个年龄组中这类儿童所占的百分比都小于10%。

左下图（标题为“总是耐心”）这一组儿童在两次决策中都耐心地选择等待第二天数量多的礼物。这组儿童的比例随着年龄的增长持续上升，近乎翻倍。在3～4岁儿童中仅占约1/3，而在5～6岁儿童中就明显地占到了2/3。

右下图（标题为“不一致状态”）的一组是决策组合有矛盾的儿童所占的比例。这类儿童愿意为第二天得到2件礼物等待，但当他们面临的选择是马上得到1件礼物还是第二天得到3件礼物时却选择马上得到1件礼物。做出这一类决策组合的孩子所占的比例不高。

总体来说，图2-1显示出大多数儿童在幼儿园年龄段对于做决策就已经有了清晰的模式。如果被调查的儿童只是完全随机地做出决策，那么图表显示的结果就会比较平均，每个年龄组都是大约25%。而实际情况很明显不是这样的。图2-1显示出，即使是幼儿园年龄段的儿童也能够很好地理解此项任务从而做出一致的决定。它还清晰地表明，这些儿童中很大一部分有出于他们的意愿而等待的能力。小学阶段的儿童的表现也是如此。

6~11岁儿童的耐心

2012年，意大利南蒂罗尔的梅拉诺镇进行了对于小学儿童的调查研究。意大利的小学学制是5年。在梅拉诺镇有大约38000名居民，其中一半讲德语，一半讲意大利语。参与耐心评测调查研究的小学儿童有1156名，几乎占梅拉诺镇所有讲德语和讲意大利语的儿童总数的90%。本节将介绍所有1156名儿童的调查结果，两个语言组的儿童没有区别。在第九章中，我将会回归到这个题目，揭示儿童使用的语言对于他们的忍耐度所具有的影响。

为了评测小学生们的耐心，研究者们要求梅拉诺的小学生们做出3个决策，比幼儿园儿童多做一个决策。更多的决策数量能够显示出对于忍耐度更细致的分级。这3个决策是这样的：

1. 选择在当天放学后得到2件礼物还是在整整4周后得到3件礼物。

2. 选择在当天放学后得到2件礼物还是在整整4周后得到4件礼物。

3. 选择在当天放学后得到2件礼物还是在整整4周后得到5件礼物。

在这3个决策中，未来的奖励会越来越多，从而使等待越来越诱人。一半儿童得到的问题是按照奖励增加的顺序；另一半儿童得到问题的顺序是正好相反的，这意味着，选择从当天得到2件礼物还是4周后得到5件礼物开始，在后面的决策中礼物会降为4件甚至3件。对于其中一部分儿童使用相反顺序的问题，可以检验出决策的序列是否也在其中起着作用。调查研究的结果表明，决策的顺序在此不起作用。因此，这里把两个序列的调查结果合并在了一起。

和幼儿园的孩子们一样，梅拉诺小学的孩子们可以从不同的小礼品中自行挑选。经过与家长代表以及南蒂罗尔学校监察局的沟通，研究者放弃了使用现金的打算。孩子们的3个决策结果显示出5种重要的决策组合。

1. 不耐心的儿童永远不会为4周之后更大的收益而等待。

2. 当未来有可能得到3件或4件礼物时，这组儿童还是选择2件礼物，但是他（她）会为了得到5件礼物等待4周，因为未来的奖励足够丰厚，可以使他（她）放弃马上得到2件礼物。

3. 这组儿童愿意为了4周后得到4件或者5件礼物而等待，但是如果是在马上得到2件礼物和4周后得到3件礼物之间选择，该组儿童会选择马上得到2件礼物。

4. 这组儿童总是选择在4周后得到更多的礼物，从不选择马上得到 2 件礼物。这组儿童最有耐心。

5. 这里也有一些做出矛盾决定的儿童，例如，有的儿童愿意为了 4 周后得到 3 件礼物而放弃现在的 2 件礼物；但是在现在的 2 件礼物和 4 周后的 4 件礼物的选择中却选择现在的 2 件。

图 2-2 呈现了上述这些结果。每个孩子的决策组合都被归总到了图中。

左上图（标题为“总是不耐心”）是用百分比显示的在学校 5 个年级的孩子中出现的相对频率，横轴是年级数，这组总是选择在实验当天得到 2 件礼物。他们所占的比例是从 6~7 岁的一年级学生的 44%，到 10~11 岁的五年级学生的 12%。这意味着，这种现象不仅在幼儿园年龄段，如本书前面部分提到的，在小学年龄段伴随着儿童年龄的增长也依然存在。

右上图能够看到标题为“等待 5 件礼物，否则不耐心”这组儿童的比例，这组儿童选择了等待最多的奖励，当奖励少一些时，比如 3 件或 4 件，他们选择宁可马上得到 2 件礼物。这种决策组合出现的相对频率在 5 个年级中总体呈现上升趋势，从 6~7 岁的 12% 上升为 10~11 岁的 31%。这里也显现出，年龄大的儿童在这种情况下能够更好地等待。

中间左图标题为“为4件和5件礼物等待，不为3件等待”，此图中可以看到愿意为4件和5件礼物等待4周而不愿意为3件礼物等待的儿童。这一组儿童比以上描述的两组儿童都更有耐心。他们的比例在5个年级中从一年级的7%增长至五年级的30%。

中间右图标题为“总是耐心”，呈现的是最有耐心的一组儿童，他们在全部的3个决定中都选择了等待4周后更多的礼物。在这一组儿童中我们没有看到比例随着年龄而增长的趋势，他们的相对比例在11%至14%之间波动，但基本保持恒定。这组数据展现了一个非常有意思的事实，即在小学早期的年龄段，已经有相当稳定比例的一部分儿童能够做出非常耐心的决定了。

左下图标题为“不一致状态”，显现的是做出矛盾的决策组合的儿童的比例。小学中的儿童必须要做出3个决定，这就比之前幼儿园调查时需要做出2个决定时出现矛盾决定的可能性更大。所以图1-2中这组儿童出现的比例比图2-1中高，但并不表示年龄越大的儿童越经常做出矛盾选择。在小学中，这组儿童的比例随着年龄的增长而减少。

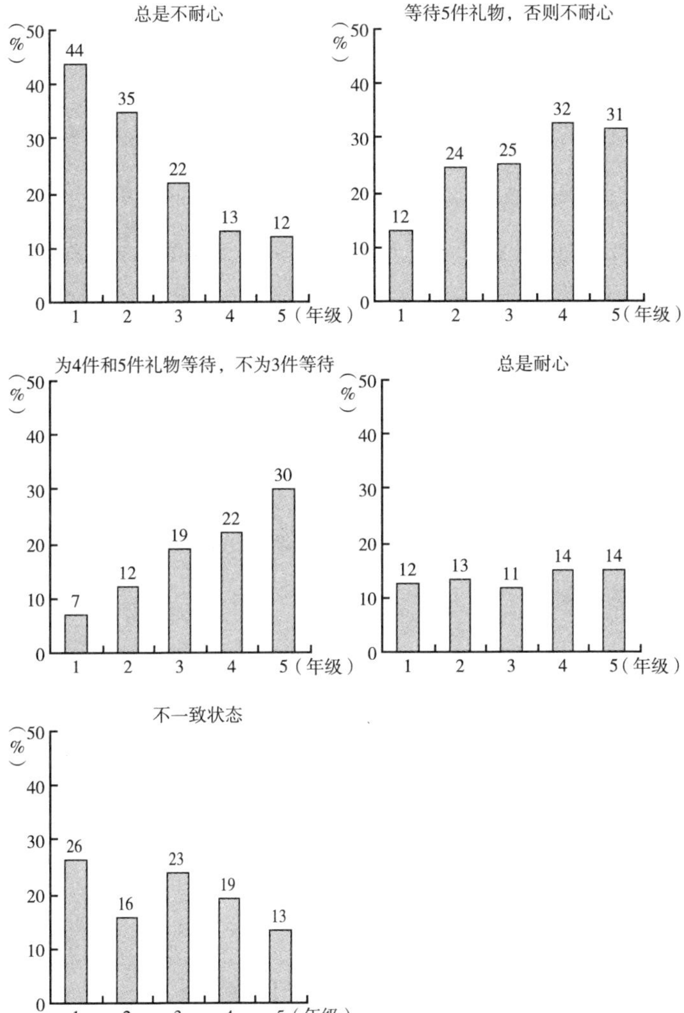

图 2－2　不同决策组合在小学 1～5 年级中出现的相对频率（百分比形式）

来源：Sutler，Angerer，Glätzle-Rützler and Oberauer（2013）。

小学的调查数据强烈地表明了两点：第一，比较有耐心的决定出现的频率随着年龄的增长而增长。其原因在于，完全不耐心的儿童的数量随着年龄的增长而减少，从而相对有耐心的儿童的数量上升了。在完全有耐心的儿童组中没有年龄效应。在做出 3 个决定时都能选择更多的奖励的儿童的比例随着年龄的增长而增加，6～7 岁的儿童的 3 个决定中只有 0.95 个决定是比较有耐心的，而在 10～11 岁儿童的 3 个决定中则有 1.5 个决定是比较有耐心的。从小学一年级至五年级，为了在未来得到更多奖励而等待的儿童的比例提高了 50%。

第二，从非常耐心到非常不耐心，在这个年龄段的儿童中也有着很宽的跨度。即使在五年级也还有很多孩子在所有的 3 个决定中都选择马上得到 2 件礼物，同时也有很多孩子在 3 个决定中都选择等待。这种显著的差别在幼儿园年龄段就已经显现了。下一节要讲述的是这种差别在少年和青少年中的表现。

10～18 岁学生的耐心

2008 年，因斯布鲁克市及周边多所中学的 661 名

10～18 岁的学生参加了关于耐心、少年和青少年财务决策以及与健康有关的行为的关系调查。下面首先是关于用来评测耐心的决定的分析。下一章讲将述与健康相关的行为如吸烟、酗酒等。

在这个调查中，参与者必须在马上得到一个固定金额 10.10 欧元与 3 周后得到至少同样多或更多金额之间做出 20 个选择。

与幼儿园和小学不同，这里使用了现金。20 个决定中的一个将被随机选出付给参与者。所有参与者中，选择马上得到固定的 10.10 欧元的，调查结束后将直接得到这个金额。选择 3 周后给付的参与者将在整 3 周后得到应得的金额。图 2－3 是这个调查的参与者们所要填写的决策表格的图样。

在这张决策表格中，参与者必须在每一行中的左边或者右边勾画选择。左边勾画得越多，表示越倾向于选择马上得到 10.10 欧元，参与者就越没有耐心。反之，右边得勾画越多，表示这位参与者越有耐心。由于 3 周后将得到的金额是逐行增加的，一般可以观察到，某位参与者开始在表格上部的左边勾画，而从某一行开始转向右边勾画。越早转到右边勾画的参与者将越会被认为是有耐心的，因为这些参与者为了比较小的金额就已经愿意等待了。

今日金额		或者更愿意		3周后的金额
[1] 10.10欧元	O	或者更愿意	O	10.10欧元
[2] 10.10欧元	O	或者更愿意	O	10.30欧元
[3] 10.10欧元	O	或者更愿意	O	10.50欧元
[4] 10.10欧元	O	或者更愿意	O	10.70欧元
[5] 10.10欧元	O	或者更愿意	O	10.90欧元
[6] 10.10欧元	O	或者更愿意	O	11.10欧元
[7] 10.10欧元	O	或者更愿意	O	11.30欧元
[8] 10.10欧元	O	或者更愿意	O	11.50欧元
[9] 10.10欧元	O	或者更愿意	O	11.70欧元
[10] 10.10欧元	O	或者更愿意	O	11.90欧元
[11] 10.10欧元	O	或者更愿意	O	12.10欧元
[12] 10.10欧元	O	或者更愿意	O	12.30欧元
[13] 10.10欧元	O	或者更愿意	O	12.50欧元
[14] 10.10欧元	O	或者更愿意	O	12.70欧元
[15] 10.10欧元	O	或者更愿意	O	12.90欧元
[16] 10.10欧元	O	或者更愿意	O	13.10欧元
[17] 10.10欧元	O	或者更愿意	O	13.30欧元
[18] 10.10欧元	O	或者更愿意	O	13.50欧元
[19] 10.10欧元	O	或者更愿意	O	13.70欧元
[20] 10.10欧元	O	或者更愿意	O	13.90欧元

图 2-3　10~18 岁年龄参与者财务决策方面耐心的评测

来源：Sutler，Angerer，Glätzle-Rützler and Oberauer（2013）。

按照逻辑思维，已经转到右边勾画的参与者就应该在剩余的各行都在右边勾画，这通过一个实例可以说明。例如，某位参与者在第10行第一次转到右边勾画，从而选择不马上得到10.10欧元而在3周后得到11.90欧元。下一个决定是在马上得到10.10欧元和3周后得到12.10欧元之间做出选择，因为12.10欧元比上一行的11.90欧元金额大，所以这位参与者在3周后得到12.10欧元和马上得到10.10欧元之间应该优先选择3周后得到12.10欧元。事实上，只有7名学生做出了与逻辑相矛盾的决定，后面的调查结果中没有考虑他们。因此，图2-4中的分析数据来自于661位学生的选择。

图2-4呈现的是学生们在20个决定中选择等待的百分比。最左面的一列展现的是在马上得到10.10欧元和3周后得到同样的10.10欧元的选择中，有大约1%的学生选择3周后得到10.10欧元。他们的具体数字是8位学生。他们的第一决定乍看去似乎很奇怪，所以我们询问了他们做出这样选择的动机。他们给出的答案都是一致的：他们宁可3周后得到10.10欧元是为了不受到诱惑马上花掉这些钱。必须承认，661名学生中的这8名学生是极其耐心的一个组。令人吃惊的是，这几个学生采用了怎样的

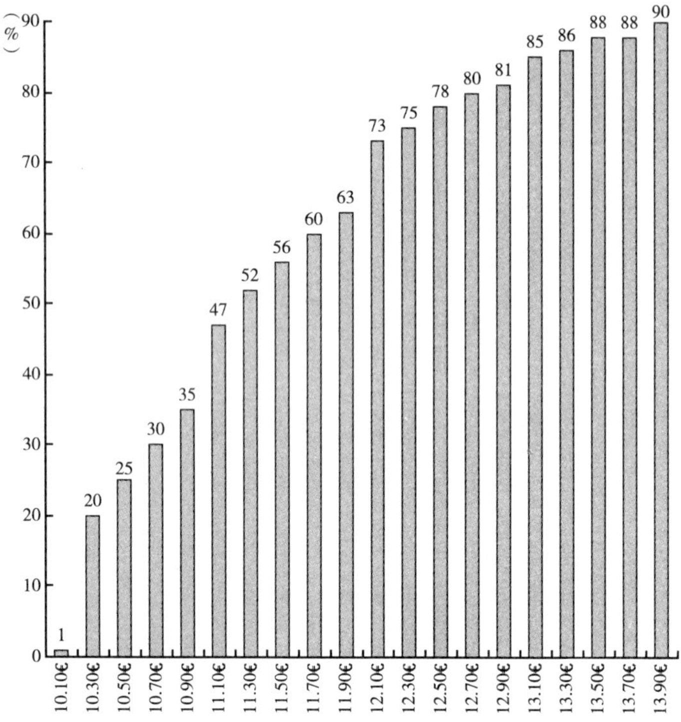

图 2－4　10～18 岁参与者选择不马上得到 10.10 欧元而等待 3 周后金额的相对频率（百分比形式）

策略来对抗想要提早花掉这 10.10 欧元的诱惑。

图 2－4 中关于结果的其他几个方面是非常值得注意的。左边第二列显示 20% 的学生（661 名中的 134 名）愿意为了 10.30 欧元等待 3 周而不是立即得到 10.10 欧元。这些学生也被认为是非常耐心的一组。从 11.30 欧元这个

金额（左边第七列）开始，更多的学生，准确地说是25%，选择3周后得到更多的金额而不是马上得到10.10欧元。但是，并不是所有的学生都愿意等待最高的金额13.90欧元，而是90%。有65位学生不愿意为13.90欧元等待3周而选择马上领取10.10欧元，这些是本次调查中最不耐心的一组参与者。

图2-4中可以看到的重要事实是，这些10~18岁学生数据的呈现没有根据他们的年龄进一步细分，因为在这一年龄段的统计中没有出现由于年龄造成的差别。这意味着，10~11岁的中学一年级学生与17~18岁的中学即将毕业的学生做出的选择大致是一样的。而在前面介绍过的在幼儿园和小学中所做的两个调查中，耐心和自我控制能力随着年龄的增长而增加的趋势表现得十分显著，而这种发展变化在青少年阶段却变得不值得一提了。

图2-4中的数据还表明，在这个年龄组，为了得到更多奖励（此处指更多的金额）付出等待的准备程度是极为不同的。这种广泛的多样性恰好可以认为等同于以前调查的研究结果以及沃尔特·米歇尔在他的“棉花糖实验”中得出的结果。米歇尔在他的实验中也观察到，儿童有着非常不同的等待时间。这样说来，耐心绝不仅仅是

人们表现于细微之处的特性，在这种特性中存在着广泛的多样性。有些人完全没有耐心，有些人则极其耐心，两者之间存在着渐变的各个等级。

调查中参与者决定的多样性可以向我们证实，评测耐心的度对生活领域中，即那些科学研究调查以外的决定是否也具有意义。在这之前需要澄清一个重要的前提条件，即人们在一个测试耐心的调研中决策是否稳定，是否会一时心血来潮。

实验中的行为在重复测试中是稳定的吗

本书涉及的一个主要问题是，在实验中评测耐心的度，与一个人生活中的重要方面是怎样紧密关联的。简单想象一下，如果实验中的决定都是偶然做出的，那么，实验中评测的行为与生活中其他的重要决定就没有系统的关联。

因此我们需要在此稍作停顿，考虑如下这个问题：实验评测的行为随着时间的推移是否足够稳定。在前面的部分我已经声明，在幼儿园、小学和中学中使用的决定模板并不是随机的。那里得出的结果并没有反映被调研的儿童和青少年在重复实验中是否做出了本质上相同的决定。

为了检验这个问题，我们在这次调研之后的一个时间点，对参与这三个调研的儿童和青少年又进行了一次相同或非常相似的调研。由此我们可以评测第一次和第二次的实验是否存在系统的关联，也就是统计学上说的“显著关联”。

在第一次调研后的 3 ~ 18 天，我们在同样的幼儿园中进行了那两个同样问题的重复实验。如果孩子们在做第二次决定时能完全不受第一次的影响，那么，就会有约 1/4 的儿童做出与第一次完全一样的决策组合。事实上，有超过 60% 的儿童做出了与第一次完全一样的选择。例如，第一次决定等到第二天得到更多奖励的儿童，在第二次做决定时做法相同的概率很高。这种关联是系统性的，这表明，幼儿园儿童在短期内总是会做出基本相同的选择。换言之：该行为具有广泛的可复制性。而另外有 10% 的儿童，第二次选择与第一次完全相反，这个比例也小于随机决定可能出现这种情况的概率。

在第一次调研的 6 个月后，我们在南蒂罗尔的梅拉诺的小学中也进行了第二次调研。这一次，我们对调研做了轻微的改变：每个学生得到 5 个积分，学生们要选择用多少积分来马上兑换礼物，多少积分留作将来兑换更多的礼物。每一个存下来的积分在 4 周后都相当于 2 个积分。这意味着，这名儿童在开始得到的每个积分都可以马上兑换成 1 件礼物，或者 4 周后兑换成 2 件礼物。例如，一个孩子把所有 5 个积分都存起来，4 周后他就可以兑换到 10 件小礼物。

为未来所积攒的积分的数量在这里被用来测量耐心的程度。那么，对于每个孩子都有两个“度”可以做对比：第一个是在第一次实验中做出的耐心的选择（最多是 3 个），第二个是 6 个月后第二次实验中为未来积攒的积分（最多是 5 个）。这个比较显示出明显的正面关联。在第一个实验中更经常做出耐心决定的儿童，在第二个实验中积攒的积分也越多。这表明，在小学年龄段实验中的决定也具有本质上的可复制性。这意味着实验所评测的不是偶然，而是对应着儿童的喜好的，即便时隔半年。

最后，我们对北蒂罗尔近乎一半的中学生重复了评测耐心的实验。第一次实验和第二次实验间隔甚至是两年。评测的题目与第一次完全相同。学生们必须选择马上得到10.10欧元还是等待之后得到更高的金额，最高金额能够上升到13.90欧元。在两年后的实验开始前，我们询问了曾经参与实验的学生，看他们是否还记得自己在第一次实验中的决定。在300多名学生中只有几名表示能够记得当初的选择，其他人都表示不记得了。尽管如此，实验证实，所有学生在第一次和第二次实验中的行为都有着非常强烈的、系统性的关联。在第一次实验中表现耐心的，在第二次实验中表现依然耐心。这就是说，在第一次实验中能够为了较小金额（例如10.50欧元）等待的学生，在第二次实验中为较小的金额等待的概率很高。相反也是如此，在第一次实验中非常不耐心的，只为相对较大的金额（例如13.50欧元）等待的学生，在第二次实验中也依然不耐心。这一点尤其引人注意，因为第二次调查毕竟是在两年后进行的，而且，几乎所有的参与者都表示他们已经不记得自己在第一次调查时做出的决定了。

归纳本章的结果可见，实验中所评测的行为不是偶然的，儿童和青少年，从幼儿园年龄段开始，在几天（幼儿园儿童）至几个月（小学生）甚至几年（少年和青少年）的一个时间段中所做出的决定是非常相似，并且有着系统的关联。在第一次实验中相对于他的年龄组中比较耐心的儿童或青少年，一般在第二次实验中也表现相同。而对于相对来讲不耐心的那些人，这种关联也同样成立。在这种行为的稳定性的基础上，我们接下来可以就实验中的耐心与生活中的一些重要方面之间的关系进行研究。让我们从健康和成瘾行为开始。

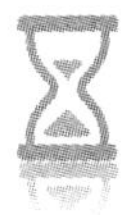

健康和成瘾行为

——耐心与它们的关系

本章的标题乍看上去让人匪夷所思：通过实验获得的评测耐心的“度”与人的健康状况会有什么关系呢？在这里，耐心被理解为一种能力，是抗拒当下直接的享受以期待更好的未来并为之努力的能力。许多对我们健康有影响的决定都需要这种能力。例如，想要身体更健美的人需要超越自己，进行锻炼，有规律地参加运动。这需要决心和毅力，因为人的身体状况不是偶尔跑跑步就能改善的。在电视上看足球赛或者看奥运会要比亲自去运动轻松得多。跑步，特别是在恶劣天气时的坚持，是需要超越自我的。比如，想要减肥的人，一方面需要控制自己，不要吃得和平时一样多，另一方面要注意吃些更健康的食品并且要更多地运动。和一个健康的苹果相比，人们是多么容易向一块美味的巧克力屈服啊！再比如，许多人都有戒烟的愿望。戒烟也需要人放弃吸烟时所带来的短暂享受，使自己从长远来讲达到一种更健康的状态。

这种对当下和未来的权衡为我们研究耐心与人们健康状况之间的关系提供了先决条件。这之间存在着一种统计相关性，这种相关性表现的是两个量之间的关系，即当一个量发生变化的时候，另一个量向特定方向上的发展变化。例如我们可以提出这样一个问题：缺乏耐心的人中是否更经常有烟民或者体重超重的人？我们还不知道这个问题的答案：吸烟是否会使人更缺乏耐心，或者缺乏耐心的人是否更容易成为吸烟者。这之间的关联可以是双向的，也可能存在相互作用，因此，在上述这个相关性中没有提到因果关系。因果关系是指在这个关联中，一个因素（如有关耐心的实验）是另一因素（如健康的生活方式）存在的直接条件，而这种因果关系在我们这一对关联中不能被肯定。本章中提到的佐证仅限于使我们了解，实验中的行为和某些与健康有关的日常行为是息息相关的。这里所谓的“息息相关”是指，两者可以被同时观察到。在第六章中将要提到的“纵向研究”中，我将向大家展示，儿童时期的耐心和自我控制程度能很好地预测出某人成年以后是否吸烟、有酒精依赖或者体重超重。

青少年的吸烟和饮酒现象

在北蒂罗尔对661名中学生的调研中，我们除了以财务决策的方式评测了耐心程度（参与者需要选择是立即得到10.10欧元还是3周后得到更多的金额)，还通过问卷调查取得了学生们关于课余行为、在校行为以及在校成绩的信息。在这一节中我们介绍其中与吸烟和饮酒相关的问题。在问卷调查中，学生们需要回答，他们是否把零用钱的一部分用于香烟或者酒精饮品的支出。这两个问题是一张很长的调查问卷的一部分。所有的答卷都和之前的选择调研一样是匿名的。实验数据最终是通过一个匿名码归纳总结的。

这两个问题的回答是选择“是”或者“不是”，没有问及烟草和酒精饮品的种类以及消费频率。几个月之后，这两个问题又在不同的问卷中，以不同的提问方式向相同的学生做了调查。第一次和第二次调查的答案几乎完全相同。这意味着，学生们的回答基本上是真实的。

调查结果显示出一个明显的关联：实验中表现不耐心，选择马上得到10.10欧元而放弃未来更多金额的学生，购买香烟和酒精饮品的概率更高。请不要误解，不是所有相对不耐心的人都吸烟或者饮酒。调查中得出的这种关联是统计性质的。这可以通过一个例子来说明：回想我们在导言中认识的克拉拉和埃尔克，假定在她们

16 岁的时候有个机会选择是马上得到 10.10 欧元还是 3 周后得到更多的金额，克拉拉会选择为了更多的 1 欧元（也就是 11.10 欧元）而等待 3 周。而为了让埃尔克等待 3 周而放弃马上得到 10.10 欧元可能需要给她 13.10 欧元。相对于任何比 13.10 欧元少的金额，埃尔克都宁可选择马上得到钱。也就是说，在这个例子中，为了让埃尔克等待，必须多付给她 2 欧元。在对北蒂罗尔学生的调查结果表明，这 2 欧元的区别具有以下的重大影响：需要更多的 2 欧元才愿意等待的参与者，购买香烟和酒精饮品的概率高出 5%，吸烟的概率高出 2% ~3%。这个概率看上去很小，但是如果当一个学生在过去的几年中开始吸烟和饮酒的概率提高，就有可能对他（她）的健康状况造成长期的影响。因为一旦开始，再想停止就太难了。

在国际专业会议上介绍研究成果时，我们经常听到如下异议，这些异议触及问题核心的因果关系：这些吸烟和饮酒的青少年在实验中做出不耐心的选择，即常常选择马上得到 10.10 欧元，是因为他们想在实验结束后马上去买一包香烟或者一瓶啤酒。那么就是吸烟和饮酒本身造成了实验行为，而不是其他的情况。这种异议促使我们在之后的三年对一部分青少年进行了跟踪，以便能够确凿地回应这种异议。这个跟踪调查的结果将在第六章开始的部分呈现给大家。

成年人的吸烟和饮酒现象

吸烟对人们长期的健康影响巨大，频繁和大量吸烟理论上是致命的。药理学研究不仅重视尼古丁对人类机体的影响，还运用行为经济学的方法研究了吸烟者和非吸烟者在耐心问题上表现出的不同特质。日本北海道大学的俞大村（Yu Ohmura）先生带领的一个研究小组让50位平均年龄为24岁的吸烟者和非吸烟者做出了一系列假设决策：他们要求参与者从马上得到5000日元（相当于37.5欧元）与未来（1周、1个月、6个月、1年和5年）得到10万日元（相当于750欧元）之间做出选择。研究小组发现，主动吸烟者在所有的选择中选择小金额的概率都比非吸烟者高。有趣的是，这种概率竟然与吸烟者每天的吸烟量相关。研究人员另外测量了吸烟者的尼古丁摄入量并发现，尼古丁摄入量越大，吸烟者选择的就越是能尽早拿到小的金额。北海道大学的学者们在著作中推断，这个发现可以通过神经精神药理学得到解释。长期的尼古丁摄入能够引起人类大脑神经网络的适应性变化，使自我控制变得困难。

英国利物浦大学的马克·菲尔德（Matt Field）与他的合作者们从另一个有趣的角度阐述了耐心和吸烟之间的关系。烟瘾大的人如果长时间不能或者不被允许吸烟时的那种紧张是我们都曾经见过的。利物浦大学的这项研究对30位烟瘾相对较大的吸烟者进行了调查，题目是“戒除尼古丁对当下和未来的财务选择是否会造成影响”。每位参与者在相隔一周的时间段中需要做出两次选择，尽早得到较少的金额或者在未来得到更多的金额。其中一次选择前，参与者被要求至少13个小时不得吸烟（经过生理验证检查确认），另一次选择前没有关于吸烟的限制。这个研究发现，13个小时的禁除尼古丁使这些吸烟者变得明显紧张，换言之，当这些吸烟者长时间不能吸烟时，他们选择了马上得到较少的金额而不是一周后得到更多的金额。日本的研究结果表明，吸烟者比非吸烟者缺乏耐心。英国利物浦大学的研究结果更深入揭示了这一观点，多个小时未曾吸烟的吸烟者比能够尽情享受吸烟的吸烟者更不耐心。禁欲的效果表现出与某些大脑功能相关联。禁欲会减少伏隔核（亦称伏核，是基底前脑的一个较大的核团，是一组波纹体中的神经元。伏隔核被认为是大脑的快乐中枢对诸如食物、性、毒品等刺激有反应。——译者注）也就是大脑奖赏中心中的多巴胺功能。通过对动物的研究我们知道，这个脑区的多巴胺抑制能够吸引冲动行为，这意味着，使等待变得更为困难。当习惯吸烟者必须戒烟时，也会出现类似状况。

与吸烟相似，大量摄入酒精饮品也对身体有很大的伤害。行为经济学研究表明，偶尔和少量饮酒的人与滴酒不沾的人，在耐心的问题上没有不同，但与那些大量饮酒甚至被称为“酒鬼”的人不同，大量摄入酒精的人在选择马上得到较少金额与未来得到较多金额时，与有节制或根本不饮酒的人相比，即使其他特征都很接近（如年龄、职业、受教育程度等），会更经常地选择马上得到较少的金额。这意味着，当人们在酒精成瘾的初步阶段或者已经产生酒精依赖时，与没有酒瘾的人相比，明显地更少为未来打算。“成瘾行为”与自我控制和追求长远目标的耐心有着显著联系。这直接导出了下一个问题，毒瘾和赌博成瘾对人们衡量当下和未来的决定有怎样的影响呢？

毒瘾和赌博成瘾

成瘾行为与意念控制障碍有关。这是一种对需求的短暂满足，像进入迷醉状态、体验高潮快感或者克服恐惧。这些会妨碍长远的目标，如健康的、没有毒瘾的人生。但是，成瘾行为的负面结果大多不直接，而是在未来才会出现，而有成瘾行为的人在衡量当下和未来时都更追求当下，而赋予未来较轻的分量。当人把未来看得越不重要时，对未来的负面影响在当下的决定中所占的分量就越轻。

成瘾行为有多种，对于海洛因或者可卡因等毒品的依赖只是其中的一种，而赌博成瘾则是另一种形式。赌徒们不停地、持久地在赌博游戏机上、在赌场里，甚至在股票投机中挑战自己的运气。每赢一次只能得到短暂的满足，一个赌徒马上就会尝试着要赢更多。某些情况下，他们会在最短的时间内输掉巨资，很多赌徒都倾家荡产。

美国康涅狄格大学的南希·佩特里（Nancy Petry）和托马斯·卡萨瑞拉（Thomas Casarella）让81名吸毒者和赌博成瘾者在马上得到较少金额和未来得到较多金额中做假设选择。最多的金额始终假定为1000美元，其中，众多不同的金额可以在调查后的6小时直至25年之后分别得到。这一组人与年龄相同的对照组的不同非常引人注意。实验中人们被告知，5年后将会得到1000美元或者可以马上得到一笔小金额。

对照组在第一步时对5年后得到1000美元的估计相当于当天得到550美元，就是说，这一组人相对于5年后的1000美元会选择当天的550美元。吸毒者这一组的选择是当天350美元相当于5年后的1000美元。与对照组在当天的400美元与5年后的1000美元间选择等待1000美元不同，这组人选择马上得到400美元。在吸毒者这一组中那些愿意与别人共用注射器的人（这些人被认为是威胁生命的一类吸毒者），甚至愿意为更少的金额而放弃5年后的1000美元，这些人比那些使用自己专用注射器的吸毒者更加缺乏耐心。

最后，研究者调查了既是吸毒者又是赌博成瘾者的参与者。这一组人认为马上得到150美元与5年后的1000

美元吸引力相等。也就是说，他们愿意马上领取150美元而放弃5年后的1000美元。在此之前的任何一组人都不会为了马上得到150美元而放弃后来的1000美元。另外，赌博成瘾的人也有其他成瘾行为，这并不罕见。最后一组同时有多种成瘾行为的参与者与其他组比起来，很明显是做出最不耐心决定的一组。

体重超重与体育活动

如果在一个较长的时间段中体重明显超重，这通常是出现疾病的前兆，如高血压、糖尿病、呼吸系统疾病或心脏疾病。体重超重的人群患上述疾病的风险比体重正常的人群高出2~3倍。由于这些疾病具有巨大的经济后续成本，如丧失工作能力，产生医疗费用、康复费用等，因此，经济学家们在过去几年中对于体重超重和个人习惯及个性之间的关系越来越感兴趣。在本书中，我们所感兴趣的是体重超重与人们必须衡量当下和未来才能做出的某些决定是否有关。为了简便起见，我们在后文中把这些决定称作“跨期决定”。

由哈佛大学克里斯多夫·夏伯利（Christopher Chabris）和大卫·莱布森（David Laibson）带领的一个经济学家研究小组在波士顿及周边进行了一项实验。有146人参与了这项实验调查。参与者被要求在较少的、可以马上给付的金额和未来较大的金额之间做出选择。研究人员从27个决定中计算出了一个平均贴现率（折扣率），这个平均贴现率反映出，一个固定的金额在将来的价值比这个金额现在的价值少多少。换言之，这个平均贴现率可以说明，某人为了马上得到一个较少的金额时，他准备在未来放弃多少金额。这项实验参与者的平均贴现率为1.5‰/日。以此类推，对于这些实验参与者来说，明天的100欧元与今天的99.85欧元价值相等。平均贴现率越高，意味着越不耐心。平均贴现率为4‰的某人，对明天的100欧元的估值是相当于今天的99.60欧元。这就是说，当付给这个人99.60欧元或者更多（但是比100欧元少）时，这个人就会选择马上领取。而平均贴现率只有1‰/日，则需要得到99.90欧元才会选择马上领取而放弃明天的100欧元。我们把这样的人称为“更有耐心的人”。

哈佛大学在这项研究中从每个参与者的27个决定中计算出他们的平均贴现率，研究了这个平均贴现率与身体质量指数（BMI）之间的关系。身体质量指数的定义为体重（以公斤为单位）除以身高米数的平方（以米为单位）。BMI 是当下最常用的评估身体重量的度量。BMI 低于 20 为体重过轻，BMI 20～25 为体重正常，BMI 25～30 为体重超重，BMI 超过 30 为肥胖。莱布森（Leibson）和他的同事们说明，在实验中，平均贴现率较高的参与者体重超重或肥胖的概率很高。特别值得注意的是，实验者们认识到，个人折现率对于不同参与者之间 BMI 的变化具有最高程度的解释力，而其他因素，如性别、年龄、受教育程度或者心理因素等与之相比，都不太适合解释 BMI 的变化。这就是说，参与者的跨期决定与他们的体重之间存在着特别紧密的联系。

这一组实验参与者还被问及了他们进行体育运动的情况。参与者们每周参与身体锻炼和体育运动的平均小时数被做了具体的统计。这个数据也和实验中的平均贴现率有着系统的关联。实验中，平均贴现率较小的参与者们，即较有耐心的人，比实验中平均贴现率较高的参与者们用于身体锻炼的时间更多。上述的结论指出，在莱布森的实验中的不耐心人群，也就是平均贴现率高的人群，吸烟的概率和强度更高几乎是无须多说的了。

总而言之，本章中的调查结果显示，耐心和健康的生活方式之间存在着清晰的关联。接下来问题是，耐心在职业和财务方面是否也会带来回报。为了有理有据地回答这个问题，我们在这里要简短地插入一段，回想一下引言中，埃尔克这个角色所做的“新年决定”。具体来讲就是，如何衡量一个在“这里”“当下”不耐心的人，而在将来的计划中是否耐心。

㊃ 『时间不一致性』的决定

——耐心在未来会变得容易些吗

想象一下，现在要做出如下决定：马上得到100欧元还是第二天得到101欧元，你会怎么选？如果选择马上得到100欧元，那么你是站在大多数人的行列中的。有70%～80%的实验参与者选择马上得到100欧元，不为第二天多出来的那1欧元而等待。这个现象很值得我们注意，因为每天1%的利率是一个极其显著的收益。世界上没有任何一个银行会给出这样的利率。尽管如此，大多数人仍然选择了马上得到100欧元而不是第二天得到101欧元。对于大多数人来说，很明显，为了1欧元而等待1天是不值得的。

对此，最常见的解释为：与选择一个更多但带有不确定性因素的金额相比，人们宁可选择马上得到一个固定的金额。这种不确定性因素可能是实验人员在第二天不能遵守承诺付给参与者101欧元了。我们可以通过一些方法避开这个不确定性因素，比如在实验当天给选择第二天得到101欧元的参与者一张日期为第二天且第二天才能兑现的支票。但是，在这种情况下的调查结果与之前相同，大多数人依然选择马上得到100欧元。不确定性因素并不是所有的决定因素。另一些人认为，人们选择马上得到100欧元是因为这样比选择101欧元的成本低。如果在得到钱时成本不同，这个说法可能是有道理的。假设，100欧元可以马上作为现金拿到，而为了第二天的101欧元要再来一趟实验地点，需要花时间和路费，那么就很好理解为什么大多数人都选择马上得到100欧元了。但是，这个说法在有条不紊的调查研究中也不成立。如果人们在实验结束时都马上得到支票，100欧元的是实验当天的日期，101欧元的是第二天的日期，那么，兑现这两种支票的成本就是相同的。或者，在有的实验中，实验结束时付100欧元现金，为了保持成本相同，在第二天把101欧元送到参与者指定的地点。无论如何，选择马上得到较小金额的参与者都占大多数——70%～80%。

假设现在要由你来选择：一年后得到100欧元还是一年零一天后得到101欧元。你会怎么选？你的选择和前一个实验时的选择相同吗？

事实上，超过80%的人，都选择一年零一天后的101欧元。问及做出选择的原因，大多数人表示，反正已经等了一年，也就不在乎多等这一天，所以他们宁可选择一年零一天之后的101欧元。

客观上看，这两项决定实际上是相同的。这两种情况中都需要人们为了多得到1欧元而多等一天；这1欧元也都是全部金额的1%，早一天得到的金额都是100欧元，也就是说两种情况下的利率也相同。尽管如此，很多人做出的这两个决定却是相反的。也就是说，有很多人在做第一个决定时选择马上得到100欧元（而不是第二天得到101欧元），做第二个决定时却选择一年零一天之后的101欧元（而不是一年后的100欧元）。

这种决定的组合被称为"时间不一致性"行为，即因时间不一致而不一致的行为。这里之所以提到"时间不一致性"，是因为人们对两个相同的待选做出的决定本来不应该有所不同：100欧元比101欧元提前一天得到，无论是在今天、明天、一周后、一个月后或者一年后都一样。但事实上，人们的决定是不同的。

需要强调的是，"时间的不一致性"本身并没有表明参与者本人在做出财务决定时是否耐心。当某人在两种选择中都选择了100欧元，那么这就是"时间一致性"行为。两次选择都选101欧元，也是"时间一致性"，尽管做出这种选择的参与者被归结为更有耐心的人。"时间不一致性"指的是：当人们要在一个较小而较早的利益与一个较大而较晚的利益之间做出选择时，是否把"能否即刻得到较早的利益"作为权衡的依据。也就是说，某人在权衡完全一致的若干选择时，因做出决定的时间改变而改变他的决定。

“时间不一致性”的决定行为在发生如下情况时成立：某人在第一个选择时选择实验之后一天的101欧元而在第二个选择时选择一年之后的100欧元。这种形式的“时间不一致性”，也被称为决定者的“未来偏向”。这种情况比另外一种情况要少见的多：当较小的金额能够马上给付时，决定者先选择较小的金额；而当决定者为较小的金额也需要等待时，他就会选择较大的金额。这是人们所谓的“现时偏向”。当人们能够马上得到某些东西，但为了更好的结果需要等待的时候，大多数人都会比衡量未来才可能发生的事情时变得不耐心。

非常重要的是：“未来偏向”和“现时偏向”都不能说明决策者的耐心程度，我们必须认知这一点。因此，“时间不一致性”或者“时间不一致性”决策还涉及耐心的另一个层面，在这个层面中可以区分某人所具有的耐心的“度”。简单来说，这第二个层面关系到如下问题：人们对于从今天到明天的等待与从明天到后天的等待的评估是否不同。

很明显，对于很多人来说这个评估是不同的。请看如下几个事例：当人们被要求选择用有利于健康的水果还是用巧克力作为正餐之间的零食时，有大约70%的人选择了有利于健康的水果。就是说，在对于未来的计划中，多数人的愿望是低热量、低脂肪的健康饮食。但是，当人们要选择的是马上得到水果还是巧克力的时候，有70%的人选择巧克力。这也是关于“时间不一致性”决策的一个例子，因为在两个方案中，待选的对象其实完全一致，在相应地选择消费时本来是不应该有区别的。

另一个例子是关于人们想看什么类型的电影的。娱乐片比严肃主题的电影更容易被选择作为消遣。1990年，进行这样一个对大学生的调查。作为参加一个实验的奖励，学生们可以从两部电影中选择一部观看。这两部待选的电影是：由迷人的休·格兰特主演的喜剧《四个婚礼和一个葬礼》和讲述工业家奥斯卡·辛德勒怎样从纳粹魔爪中拯救出1000多名犹太人的故事片《辛德勒的名单》。当被选的电影录像带能够马上带走时，2/3的学生选择了喜剧片；当选择电影和得到电影录像带之间间隔一周时，有40%的学生选择喜剧片；当之间相隔两周时，只有30%的学生选择了喜剧片。换言之，得到录像带的时间点越远，选择严肃主题电影的参与者就越多。

在上述这些例子中，即刻的选择与未来的选择之间大多相隔一周或更久的时间。等待的时间非常明显。由此引出一个问题："时间不一致性"的行为只是在等待时间为一周或更久时才会出现吗？当等待时间较短时，某人在马上得到和"稍微"等待之间的选择是否没有什么区别？例如，先给某人吃很咸的东西，然后让他 20 分钟之后回答是马上得到一杯水还是 5 分钟之后得到两杯水，一多半的人（约 60%）选择马上得到一杯水。从营养学的角度来讲，多等 5 分钟要好得多，因为用双倍的水来缓解过咸食品造成的口渴比一杯水要有用得多。而当马上问及另外一组刚吃了过咸食物的人，想在 20 分钟后得到一杯水还是 25 分钟得到两杯水时，与刚才的 40% 相比，70% 的人选择了 25 分钟之后的两杯水。"时间不一致性"甚至在几分钟之内就出现了。当某人不是马上得到，而是在将来，哪怕只是相隔几分钟之后，人们的决策就可能受到重大影响。当所有被选都存在于未来时，人们一般会做出比较耐心的决定，较少以当下为导向而较多以未来为导向。

在本章的最后，让我们再一次回到导言中克拉拉和埃尔克的故事，回到"新年决定"上来。类似这种"决定”一般是某人要在“明天”（新的一年），开始某些事情并坚持下去。明天开始戒烟、多运动、提前为考试做准备、少看电视、和孩子共度更多的时间……这和今天马上去做这些事情是完全不同的。想要在明天实现这些决定，锻炼自我控制力，做决定时变得更耐心，比现在马上去做容易得多。换句话说，某人今天开始实施他做出的决定，比如戒烟（为了从明天开始生活得更健康），比想要明天再开始实施（为了从后天开始生活得更健康）要难。当我们在今天克服自身的缺点和不足遇到困难时，比如不健康的饮食、缺乏运动、太多不必要的消费支出、太少的养老积蓄、为下次考试准备的时间太短，或者在工作中为下一个项目会议准备得不充分……我们常常认为，明天我们能够做好，但是当明天到来时，所有的问题就又重新开始了。我们又得在那些带来短暂享受的行为与要求我们在前几个月中超越自我但是长久来讲对我们有益的行为之间做出选择，要购物、吃巧克力、看电视中的足球赛……还是要为了储蓄减少大项开支、健康饮食、不看电视而进行体育锻炼？

本章说明，“此时此地”这个概念对于人类的决策有着重要意义。唾手可得的事物比以后才能得到的事物分量要重，而且更胜于当两个事物都要在未来才能得到。决策行为深受这个动机影响的人在做出“时间不一致性”决策的时候，与不做“时间不一致性”决策的人，在人生中重要的职业与财务角度上有着显著区别。这些将在下一章中予以说明。

㊄ 纪律，职业和财务上的结果

耐心和纪律

在关于职业和财务状况这一章的开始，让我们再一次回到在北蒂罗尔的中学中进行的对10～18岁青少年的调查。对于他们在选择马上得到较少金额和3周后得到较大金额时做出的实验决定，我在第二章的最后进行了说明和分析。我们还得到了关于大多数学生行为评分的信息，当然是以匿名的方式。我们从中发现，行为评分不好的学生，常常是那些选择马上得到10.10欧元而不是等待3周后得到更多金额的学生。参与调查的学校的校长们觉得这个结果特别有意思。还有一些其他研究小组的独立研究也证实了这一结果，比如在美国佐治亚州的多个学区中进行的调查。

很明显，在实验决定和在校表现两者之间存在着一种简单的关联。"耐心好"意味着不马上向某些自身的需求屈服，如想在实验结束后马上得到钱。这种常规属性在校内和校外的社会生活中也很重要。行为评分不好的学生辍学的概率比一般学生更高，因此他们所受到的职业教育也不好，从而与低收入相伴。在美国有数据表明，在中学八年级，也就是大约 14 岁时行为评分差的学生，在 10 年后的平均收入比行为评分好的学生低 10%。这种联系不仅与平均职业教育水平低有关，从常规来讲，还与良好行为的重要性有关。在学校行为良好堪比在职场行为良好。在这两个场所都要求人们在没有有效借口时能够遵守时间。在学校和职场都有一定时间内必须完成的任务。在学校和职场的声誉都取决于个人工作的成效以及在班级中或者同事中的社会行为。因此，对于学校和职场行为的要求有许多相似之处。实验中的耐心与学校的纪律之间是有关联的。而这又对未来事业的成就具有意义。让我们来看看职场生活中的两个例子。

长途货运司机与耐心的关系及人们在紧张的工作中能坚持多久

对于很多人，特别是男人来说，长途货运司机的工作很具有吸引力，因为做这个工作可以去很多地方。这个工作又被认为是十分辛苦的工作，竞争十分激烈。运输时间紧，休息时间少，对家庭不利，周末在高速公路服务站过夜。听到这样的描述，我们马上就知道了，想要长期从事这种辛苦的工作是需要一定的持久力的。

美国明尼苏达大学的史蒂芬·伯克斯（Stephen Burks）及其合作者对1066名长途货运司机做过一次调研。这些人是美国一家大型运输公司的培训学员，就是说，他们将受到有经验的司机和课程的入职培训，并在接受职业教育的过程中已经开始接受公司分派的工作。这种职业培训的费用是每位学员5000~10000美元，培训创造了一个固定的就业前景。合同规定，如果学员在12个月以内离开公司，就需要偿付所有的培训费用。

斯蒂芬·伯克斯和他的同事们在培训的第二周对1066名学员进行了实验调查。其中之一是权衡当下和未来的实验。在所有的决策情况下，未来的金额均为80美元，将于第二天、四天后或者四周后给付。作为选择，参与者可以马上得到一个较小的（45美元至75美元之间）金额。实验者通过总共28个不同的决策计算出了每位司机的平均贴现率，即计算与今天的某个金额相比，这个金额在未来少多少的一个折扣率。

除了实验中呈现的数据，运输公司还为这次调研提供了所有参与调研司机的人员的数据。该公司参与这项研究的动机是为了更多地了解对学员在培训期间以及培训之后是否留在公司产生影响的因素。学员较长的留职时间与公司获得更大利润直接相关。通过人事数据，研究人员可以了解一位学员是完成了培训还是提前终止离开了。完成培训的学员将被告知是否被公司录用。由于公司原则上讲愿意接受完成培训的学员（不会由于经济原因，由于缺乏订单而不录用学员），有纪律问题的司机将不被录用。对于那些被录用的司机，公司向研究者提供了关于他们在公司工作时间的信息。

这个调查显示的关联也与本书中前面揭示的研究结果非常一致。实验中经常选择晚些时候得到较大金额的学员，中断培训的概率较小，培训阶段结束后被公司录用的概率较高。此外，做出比较有前瞻性决定（那些平均贴现率相对较低的）的司机在公司工作的时间也较长。总的来说，不到一半的司机会停留一年或者更长的时间，即期限规定的足够的时间，以保证不用偿还培训费用。那些能够在公司工作足够时间的司机比那些提前辞职而要全额偿还培训费用的司机在实验决策中表现得明显耐心。在实验中做出比较耐心决定的长途货运司机在工作上比较持久，财务上的收获就是，他们不用偿付培训的费用。离开公司的司机需要寻找新的工作岗位。这就把我们带向了下一个问题：实验中的耐心是否会对失业者重新找到工作之前所需的时间造成影响。下一节就是关于这个内容的。

摆脱失业——为什么比较耐心的人能够更快地找到新的工作岗位

让我们再次短暂地回到引言中关于克拉拉和埃尔克的故事。埃尔克是一个没有耐心的人，她提前辍学，之后经历了多次失业。一个人的耐心程度和他失业时重新找到工作的概率真的有关联吗？这是劳动力市场研究的一个重要问题，特别是关于哪些因素会导致失业者更快地找到工作的问题。受教育程度是起帮助作用的，一个受教育程度高的人能够更快地找到新工作。失业前较高的薪酬也会使人很快地重归职场。这并不仅仅是因为较高的薪酬常常伴随着较高的受教育程度，同时也是因为较高的薪酬常常与领导能力和积累到更多的管理经验相关联。这样的人才在劳动力市场上比较有竞争力。

耐心所扮演的角色及其意义在从失业到重新回到工作

岗位的过渡中并不是从一开始就很清晰的。一方面，急躁可以减少寻找新工作的开支。之所以如此是因为寻找新工作与费用相关——需要短期的努力和花销，这些花销只能在较长的时期才能得到回报。而急躁恰恰是会避免这些只有对长期才有用的短期花销的。在行为经济学的实验中是这样评测耐心的“度”的：某人做出短期的某些支出，不是马上得到某个较小的金额，而是等待一个长期的较大的金额。当寻找新的工作岗位与那些不耐心的人想要避免的短期支出相关联，那么这些人自然就会得到比较少的面试机会。但是，这会使失业的时段更长，因为得不到适当的面试机会的概率上升了。

另一方面，不耐心可能会导致某些人很快地接受一个条件不好，尤其是薪酬较低的工作。这是因为耐心较差的人宁可马上接受一个较小的金额，而不愿意为了一个将来的较大的金额等待，这里指继续寻找以及与之相连的支出和努力。急躁的这种影响使得接受不好的工作条件以及比较低的工资变得更有可能，这会使失业的时间缩短。最终是哪种占了上风，即急躁的人比耐心的人是否能更快地找到工作位置，这是一个只能靠经验回答的问题。

美国加州大学伯克利分校的斯特凡诺·德拉·维格纳

(Stefano della Vigna）和丹尼尔·帕塞曼（Daniele Paserman）用美国劳动力市场的数据研究了耐心和失业长短之间的关系。他们没有引入实验来衡量受雇佣者的耐心，而是运用了调查问卷数据提供的信息，把人们按比较耐心和比较不耐心分类。一个重要的信息是：是否吸烟。吸烟者比不吸烟者被评估为更倾向于不耐心。第三章中的研究结果证实了这种方法。接着，德拉·维格纳和帕塞曼获取了关于人们存款的信息。有存款而不是债务在这里被作为衡量耐心的另一个指标。储蓄会限制直接的消费，从而使未来更多的消费变成可能。因此，拥有存款是耐心程度高的一种表现。除了关于吸烟和存款的信息，研究者们还应用了其他一系列指标，如是否有人寿保险以及对这些失业者进行访问的访问者对他们的评价。所有这些指标都相互紧密关联，研究者为每位参与者都确定了确切的耐心度，并把这个"度"与他们的劳动力市场数据进行了关联比对。1978年至1996年的数据明确地显示，急躁的人找到新的工作岗位会比较慢。首要的原因是，这些人对于找工作的投入比较少，尽管是在失业中，常常每周只花几小时找工作。这可以解释为：急躁的人在找工作的时候会很快气馁，因为对于他们来说，放下被拒绝的申请而进入再次被拒绝的风险中是很难的。他们因此进入一种恶性循环。耐心不好的人在一个职业中或一个特定的工作上常常做不久而在失业时找到新工作也会比较慢。这有可能会导致长期失业，甚至会跌出劳动力市场。

伯克斯及其合作者、德拉·维格纳和帕塞曼这两个关于职业的研究表明，耐心在职场中是有回报的。基于这个原因，耐心在财务问题中也间接地有回报。接下来我们将就耐心与财务决定之间的关联做详细的研究。让我们再次从北蒂罗尔的青少年开始，看看他们的实验决定与他们对于储蓄的态度之间的关联。之后，我们还要聚焦于成人信用卡债务这个问题。

青少年的耐心与储蓄

很多青少年受到他们父母和祖父母的引导和鼓励，从他们的零花钱中省出一些存起来，为了在将来买一件重要的东西。对孩子们来说意味着，他们为了一个大件的玩具而存钱，当他们达到储蓄目的时（大多数情况下是达到买价时），允许自己购买。对于青少年来说则常常意味着更大的“玩具”，例如新手机、助力车或者摩托车。在储蓄时，为了将来要放弃当下的消费。这意味着，要能够遵从长远的计划，需要恒心和耐心。

在对 661 名 10 ~ 18 岁青少年的调查中，我们也对如下的问题感兴趣：他们的实验决定与他们从零花钱中拿出一部分进行储蓄的打算之间有怎样的关联。在所有的年龄段都表现出了一个清晰的结果，这个结果也被最近在柏林、杜塞尔多夫和慕尼黑对 13 ~ 15 岁的学生所做的一个类似研究进一步证实。在实验中比较耐心的学生愿意储蓄。这个结果正像我们在导言中用克拉拉和埃尔克两个人物说明的那样。假设她们两个在十几岁时参加这样一个实验，让她们选择是马上得到 10 欧元还是 3 周后得到更多的金额。克拉拉会为了从 11 欧元开始的更多的金额等待 3 周，而放弃马上得到 10 欧元。而埃尔克则要在 3 周后至少得到 12 欧元时才选择等待，面对 3 周后比 12 欧元少的选择，她都选择马上得到 10 欧元。根据对北蒂罗尔 661 名学生的调查结果，她们两人中比较耐心的克拉拉储存自己零花钱的概率高出 3%。比较不耐心的埃尔克每个月花光零花钱的概率高出 3%。把钱花光的人有时候会需要更多的支出，通过借贷来支出额外的消费。因此，下一个相关的问题就是：耐心与信用卡债务的概率和严重程度是否有关。

信用卡债务

在电子货币的时代，拿出一张信用卡来付钱买东西是非常便捷的。账单在晚些时候才会到来，这使购买行为比马上付现金变得更容易了。从这个视角观察，使用电子货币支付时存在着诱惑，使人总想花出比自己付得起的要多的钱。之所以如此，是因为不用马上还款，还款这种令人不爽的事是被推到未来的。而对于未来需要还款这件事，人们可能会存有幻想，认为等到那时就挣（省）够了还款的钱，可以还款了。从这方面考虑，猜测一个人的信用卡支出和他的耐心之间存在着关联是极其合理的。

美国哥伦比亚大学的斯蒂芬·迈尔（Stephen Meier）和斯坦福大学的查尔斯·施普灵格（Charles Sprenger）对这种关联进行了研究。特别有趣的是，做出“时间不一致性”决策的人和具有“现时偏向”的人信用卡债务更多而且偿还得较慢。作为研究的基础，他们邀请波士顿大区范围内 600 名中低收入者在调查中做了实验决定。例如，某人可以选择马上得到 40 美元或者一个月后得到 50 美元。为了反映“时间不一致性”和“现时偏向”，有些决策中的两个金额都是在未来时间支付，即 6 个月后 40 美元或者 7 个月后 50 美元。多的金额总是设定在更晚的一个月后。

从参与者的决定中，迈尔和施普灵格得出了平均贴现率以及“现时偏向”。平均贴现率反映了某人为了提前得到的多少金额会放弃一个月后的 50 美元。“现时偏向”在这里反映的是，当最早的金额在未来（这里指 6 个月后）才能得到时，人们会做出更耐心的决定。征得参与者的同意，迈尔和施普灵格还查看了他们的信用卡信息、信用卡流水以及他们的收入。这里需要强调的是，波士顿的参与者们使用的信用卡种类与我们一般熟知的奥地利或者德国的信用卡不同。我们这里的大多数信用卡是偿付卡，这种信用卡的持卡人每个月收到一张账单，然后从一个账户汇钱还款。还款前，针对月账单上的流水金额，人们得到一笔无息的期限极短的贷款。偿付卡的卡主不能选择只偿还账单的一部分，其余的以每月按揭付款、承担利息的方式偿还。然而，美国常见的信用卡有这种选择的可能，可以通过时间的滚动形成一笔真正的贷款，但每次都会导致付出较高的利息。例如，一笔贷款的永久滚动是这样发生的：某人没有按时向信用卡公司偿还信用卡1月份账单的一部分，未偿还的金额的本金和利息将会计入2月。在2月又有新的账单产生，只有完全偿清了1月所遗留的金额（包括利息），才能偿付2月的账单。例如，持卡人在4月才还清1月所遗留的账单。那么，2月和3月可能还有未偿清的账单，需要偿还本金和利息。如此，信用卡就产生了一笔重复计息的由利息和利息的利息组成的贷款。

在美国，大约50%持有信用卡的家庭都不完全偿还信用卡账单。这些家庭财政在2004年平均拥有5800美元重复计息的贷款。这就好像在我们这里，某人从银行借贷5000欧元，每月付利息，但是贷款数额永远不会减少。通过信用卡产生的复息贷款一般比银行贷款还要贵，可能会把这些相关的家庭带入非常严重的经济困难。因此，特别是在美国，某人是否全额而且及时地清偿信用卡账单是因素显著的一个重要研究题目。

迈尔和施普灵格在他们的研究中发现，实验中比较耐心的人拥有较少的滚动贷款。然而，这里的统计性关联并不强，耐心的影响也很有限。当某人做出的决定具有“现时偏向”时，效果才表现得强烈。这一类人群不全额准时偿还信用卡账单的概率高15%。这意味着，决定具有“现时偏向”的人群，在信用卡公司有滚动贷款的概率明显升高。如果只观察有信用卡债务的人，决定具有“现时偏向”的人群的比例比没有“现时偏向”的人群高25%。在这个结果中，人口学统计数据，如年龄、性别，以及经济统计数据，如收入、信用卡授信额度等，都已被考虑在内。根据这个统计结果可以看出：假设有两个男人，第一个叫君特，决定具有“现时偏向”；第二个叫罗伯特，没有“现时偏向”，两人都50岁，年收入同为5万欧元，两人都独身生活，并且都拥有一张可用于滚动贷款的额度为5000欧元的信用卡。那么，从迈尔和施普灵格的结论来看，君特在信用卡公司有债务的概率比罗伯特高15%。如果两人都有债务，那么君特的债务金额要比罗伯特高25%。“时间不一致性”和“现时偏向”可以明显地从一个人的债务情况中被感觉到。

2008年以来的全球经济危机尤其重创了美国的地产主。危机期间的裁员和不动产贷款利率的上升（大多数贷款是房贷），把许多人推向了经济崩溃。当利息提高时，即使仍然有工作，也常常由于对复利效应的无知和贷款时金融计划中对利率变化的考虑不足而导致贷款的无力偿还。无力偿还发生的概率与个人对于简单的财务关系的了解有关。其重要的方面如通货膨胀对贷款金额的影响，或者利息以及利息的利息相叠加能够产生大额度的总数。美国的民意调查显示，几乎所有一般的私人借贷者对这两点（通货膨胀和利息叠加）的后果不能正确估计。基于上述原因，许多贷款机构经常提供关于财务计划的短期培训，并为客户个人资信和贷款状况提供咨询。这种咨询大多是免费的，可以帮助客户在接受贷款的时候正确地评估自己的财务状况，做好计划。

债务与信息匮乏的恶性循环

斯蒂芬·迈尔和查尔斯·施普灵格还对另一项调查产生了兴趣：哪些客户（有债务的）愿意接受免费的财务咨询，哪些不愿意接受。从政治角度来看，这是一个很重要的问题，因为从政治角度出发，总是要求财经产品对稳固的财政计划及其风险性做出更多更详细的说明，以避免私人家庭陷入经济困境。这些政治要求的先决条件是，当有陷入经济困境危险的家庭寻求启示和咨询时，向他们提供必要的信息。

金融咨询相当于对未来的一种投资，接受咨询的人需要牺牲一些时间和注意力。当人们愿意付出这项“支出”时，可能对未来做出更好的财政决定非常有帮助。例如，本人最高可以负债多少；哪个是最好的偿还计划，哪种可能性与何种风险相关联，等等。当某人把接受咨询看作是对未来的投资，现在的付出会换得未来的优势（希望如此），那么这种咨询和一个潜在客户的耐心程度之间就马上有了关联。有一种假设认为，急躁的人接受咨询的概率较小，因此比较可能无法掌握那些有价值的、对于财政有帮助的资讯。

迈尔和施普灵格对波士顿大区的约600人进行了调查研究，这些人有自愿地接受税务咨询的可能性。在美国的多个城市，政府都成立有咨询中心，使中等或偏低收入的公民能够得到咨询。由于这种税务咨询是免费的，所以人们很愿意接受以省去税务师的支出。因此，需要排队等待的时间很长。他们开展调查的时间段就是这大约两个小时的等待时间。迈尔和施普灵格利用这段等待时间在等待的人群中也提供一个免费的关于他们个人所借贷款性质的财务咨询。这个一般性质的经济咨询不涉及税务申报，因为关于这个内容之后他们会得到市政府的详细咨询。取而代之，人们在这个一般性的咨询中会得到关于通货膨胀、叠加利息、贷款与还款计划的说明。咨询耗时 15 ~20 分钟。参与咨询的人，等待税务咨询排队的位置将被保留，无论如何不会增加额外的等待时间。这在提供额外财务咨询时就向参与者进行了特别的强调和保证。当然，所有财务咨询的参加者都是自愿的。

与此同时，无论等待者是否接受财务咨询，他们都被邀请参加一项从中可以获得现金的实验。所有的等待者都接受了这个邀请。这个实验是关于一个月后得到 50 美元还是马上得到一个较小金额的选择的。较小的金额在14 ~49 美元之间变动。参与者们需要做出 22 个决定，迈尔和施普灵格由此确定每个人的平均贴现率以及耐心度。除了上述评测，实验者还提取了关于参与者性别、年龄、人种、受教育程度和收入的信息作为统计评估时的参考因素。实验没有提取关于某人是否具有“时间不一致性”以及“现时偏向”的信息。

在实验时间段中，所有人中的大约 55% 接受了财务咨询。这个结果的另一面表明，大约有一半人在长时间的等待期间不接受免费的咨询。接受咨询和不接受咨询的人们之间有区别吗？很明显，性别在这里所扮演的角色不重要，男人和女人接受咨询的概率相同。收入高低在这里从统计上也没有重要的意义。子女的数量在这两组人群中也没有区别。两组人的受教育程度略有不同。接受财务咨询的人群中，高等院校毕业者的概率较高。在人口统计学特征上这两组人很少甚至完全没有区别的同时，他们的实验决定显示出了系统的区别。在关于实验当天得到较小金额与一个月后得到50美金的22个决定中，接受财务咨询的人中有54%的人选择一个月后的50美元。相对而言，不接受财务咨询的人中，只有41%的人选择了一个月后的50美元。

这个结果说明，严重的急躁会引起恶性循环。急躁的人接受财务咨询的概率较小，对于经济产品和有意义的财政计划的了解因而较少。而这些知识恰恰对这一人群非常有帮助，因为这类人群有信用卡债务的概率较高，利息叠加，会很快形成财务负担，使家庭财务陷入困境。迈尔和施普灵格的研究对于更多的免费经济咨询可以避免私人破产的政治要求提出了质疑。问题最严重时这么做完全没有效果。这是因为大多数时候，当事人根本不接受咨询，尽管他们迫切需要这类咨询。这种情况不只发生在美国，在欧洲和其他地区也是如此。在奥地利和德国，破产的人常常太迟甚至根本没有去参加免费的（由咨询组织或者倡导组织，如商会等提供的）债务咨询。早期的干预十分必要。为此，人们必须知道，人生早期的耐心程度与成年后的成就是否相关联。这个问题，通过纵向研究得到了回答。在纵向研究中，研究团队对参与实验者进行了多年甚至几十年的陪伴以研究耐心和急躁的长期影响。下一章我们将转向对这类研究的介绍。

童年有耐心，成年有成就？

纵向研究的成果

纵向研究在科学上极具效果，因为只有通过对被研究人员进行长年跟踪，才有可能对人生早期行为和个性与若干年之后的性格以及生活变故的关联予以认识。这显得非常有趣，因为这一类研究满足了一种常常存在的好奇心，即是否可以通过一个人青少年时的行为对其未来的人生道路做出判断。例如，父母总是幻想自己孩子的某些特性可能是未来的好征兆，比如自己的孩子比别的孩子走路早，会说话早或者能连贯地完成游戏，等等。一个孩子的某些特定行为能百分之百地预示他在将来，甚至是几十年后的某些行为吗？事情当然不是这样的。影响人类行为的因素太多了，如果能发现儿童时期或青少年时期的某些行为或多或少地使后来人生中的一些行为成为可能，已经会使科学家们兴奋不已了。在这种情况中，概率上几个百分点的改变已经被视为很强的影响了。

接下来的内容将关注这种关联。开始的几个研究对于研究参与者的儿童和青少年时期只进行了几年的跟踪调查，随后是观察期限达到几十年的研究。

15 ~ 18 个月宝宝的自我控制和几年后的“棉花糖实验”

“棉花糖实验”经常被认为是测试一个人在未来人生中是否成功的测验。但是，“棉花糖实验”中的行为能预测些什么呢？这正是实验的发明者沃尔特·米歇尔的兴趣所在。他对 15 ~ 18 个月的宝宝自己独处时的行为进行了研究。为了进行这个实验，他邀请母亲们带着她们的孩子作为研究参与者。首先由一位护士接待母亲和她的孩子，护士向母亲介绍一些关于照顾孩子的实用窍门。这个咨询在一间实验室中进行，实验室中除了护士、母亲和她的孩子以外，还有一些幼童能够接触到的玩具。研究内容的一部分是：母亲在咨询期间离开这个房间两分钟。这段时间中，护士不理会小宝贝，而为下一组对话进行准备。这个实验的目的在于观察小宝贝对母亲离开的反应以及他（她）如何度过母亲不在的这两分钟。小宝贝们的表现如预期的一样，区别很大。有些宝贝的反应很情绪化，大声叫喊；另一些试图自己玩儿；他（她）们之中的大多数开始观察可以够得到的玩具，然后开始玩这些玩具；有一些宝贝转向护士，试图和护士接触。

大约两到三年之后，米歇尔对这些相同的孩子进行了“棉花糖实验”。能够在吃掉第一块棉花糖之前等待 15 分钟的孩子，可以得到第二块棉花糖。米歇尔在实验中马上吃掉第一块棉花糖或为了第二块棉花糖等待的行为与当年妈妈离开房间时小宝贝的行为之间发现了如下关联：在 15～18 个月时有能力在母亲离开房间时自己玩耍、通过玩耍分散注意力的小宝贝，能够在“棉花糖实验”中更长时间地等待，因此常常能够得到第二块棉花糖。

这个结果乍看上去不是非常出人意料，因为这两个实验都“仅仅”是关于等待的。用其他事物分散精力或者集中精力在其他事情上，都是对此有帮助的。从这个角度来讲，上述行为的并行性确实是明显的，值得注意的是，对于“等待能力”这个问题，宝贝们小时候的行为很好地预示了他（她）几年后的行为。但是，对于第一个实验中的小宝贝和“棉花糖实验”中的儿童来说，两个情景的区别是很大的：一个小宝贝等待他（她）生命中最亲近、最重要的人——自己的妈妈，与三四岁的儿童等待得到第二块糖之间的差别是很明显的。在第一种情况下，母婴关系中的可靠性非常重要。在第七章中，我将向大家展示一个实验，这个实验将说明，为什么这种可靠性对耐心度有着关键的影响。现在，让我们先转回来，研究儿童和青少年时期与耐心相关的行为和他（她）们几年后的其他行为有哪些关联。

北蒂罗尔的青少年：实验中的耐心与开始吸烟的概率

在第三章开始时，我介绍了我们在北蒂罗尔青少年调查中的发现：600 多名青少年在实验中表现出的耐心与把零花钱用于酒精饮品或者香烟之间存在关联。我也曾经提到，有些学者认为，这个实验成立的角度是，吸烟或者饮酒的那些青少年可能正是因此而在实验中做出了不耐心的决定，常常选择马上得到 10.10 欧元，而不是选择 3 周后得到更多的金额，为了在实验之后马上去买下一包香烟或者另一瓶啤酒。

为了检验这个理论，在 3 年后的 2011 年，我们再次以问卷的形式对此进行了调查，以了解这些青少年是否把零花钱花在买酒精饮品或者香烟上。我们特别感兴趣的是在2008年时既不吸烟也不饮酒的青少年。如果说这些青少年在2008年时做出马上得到10.10欧元的急躁选择是为了在今后几年中开始吸烟或者饮酒是完全不可信的。对于这组青少年来说，所谓实验中的行为是由于之后要吸烟或者饮酒所引起的可能性是完全不存在的。相反，人们倒是可以提出这样的问题：这组在2008年实验中做出急躁决定的青少年，2008年时还不吸烟，而在2011年加入吸烟者行列的概率是否较高呢？

同样的问题对于饮酒现象也同样适用。换句话说，在2008年时做出的急躁决定预示出某人将要在2011年吸烟或饮酒吗？我们的统计数据表明，虽然影响的结果较小，但情况确实如此。

在2008年经常选择马上得到10.10欧元而不是等待3周后得到更多金额的青少年，在2011年调查中承认把零花钱用于购买香烟和酒精饮品的概率较高。与经常选择未来得到更多金额的青少年的相比，概率之间的差异只有1~2个百分点。这个值被认为是一个绝对低的值，但应当指出的是，这可能是受不同影响累积起来形成的。酒精饮品和香烟的消费常常是相互影响的。2008年选择马上得到10.10欧元的青少年，在2011年不用零花钱进行储蓄的概率更高。这意味着，除了吸烟、饮酒等可能带来的不健康因素以外，这一组年轻人或多或少地不进行储蓄。客气点的说法是，没有什么追求。

棉花糖，回避策略以及个性发展：沃尔特·米歇尔的长期研究

沃尔特·米歇尔在他的实验中对很多儿童进行了多年的跟踪，观察他们后来在青少年时期和成人后的个人发展。他的研究结果显示，在“棉花糖实验”中能够较长时间等待的那些儿童，长大后在社会上更加友善，他们的部分认知比急躁的孩子好，因此在学校里的成绩更好。耐心的孩子在成年的初期能够更好地表达他们的想法，更好地集中注意力和制订长远的计划。上述这些个性意味着，以前比较耐心的那些孩子，在青少年时期和成年时期的行为上表现出更强的“目标导向”。从心理学的角度来看，这种“目标导向性行为”有助于避免在从儿童到成年的过渡时期的发育障碍以及心理和健康上的问题。因此，具有“目标导向性行为”的人承受能力更强，表现出较少

的行为障碍，如成瘾行为等，在人群中社会责任感也更强。能够在三四岁时为了第二块棉花糖等待更长时间的人，在成年后更有能力承受挫折和压力。这种能力无论在职业生涯中还是在个人生活中都是很宝贵的，因为在追求目标的过程中，引起失望感的阻碍和问题时常出现。能够克服这些，冲过重重阻力，才更有可能达成目标。追求目标过程中的耐心、毅力和韧劲意味着能够克服负面结果，最终达成目标。并不是所有人都能做得到这些。德国大文豪约翰·沃尔夫冈·冯·歌德早就在1821年所著的《威廉·麦斯特的漫游时代》一书中写道："所有开始都是容易的，而最后一级台阶最难，并且是很少能够被跨越的。"

沃尔特·米歇尔在他的长期研究中感兴趣的问题还有：不管"棉花糖实验"是怎样具体进行的，实验参与者的行为与他们在之后人生中的行为之间是否有着统计学上可靠的关联？想说明这一点显然是不容易的，为了有助于理解，这里需要简单说明的是，究竟是什么因素使等待变得更容易。

一个孩子是否能够为第二块棉花糖等待，只有在满足如下条件时才具有最好的预测未来的结果：孩子单独面对可以看得见的棉花糖、饼干或者面包圈，没有大人提醒过他（她）要去想别的事物。在这种情况下，这个孩子必须自己制定实验中的策略。在这种条件下能成功的孩子，在长期研究中表现出的行为与那些等待时间较短或者完全不能等待另外奖励的孩子是不同的。但是，如果把“棉花糖实验”与一些说明联系在一起，如告诉孩子可以想一些其他的事，比如一些娱乐性的事，那么实验中等待奖励的时间与长期的行为就没有可评测的关联了。因为，在这样的条件下，参与实验的儿童接受了外来的策略以度过等待时间。那些能够使用自己发展出的策略的儿童与仅仅是听从了实验指导者的说明等待时间较长，如果没有说明就什么办法也没有的儿童之间就无法区分了。如果这种区分变得不可能，那么从统计上来说与未来的关联也就没有意义了。

因为，“想其他事情”的提醒确实是能够帮助儿童等待的，这已经被多次证实。在实验中被要求去想他们生活中的趣事的儿童，比其他没有被要求这样做而仅仅是面对着棉花糖等待得到第二块奖励的儿童能够多等大约 10 分钟。随着年龄的增长，儿童自己学会发展出成功的策略用以抵制马上得到的诱惑。五六岁的孩子已经会积极地分散注意力，如唱歌或者给自己下命令不去注意眼前的奖励。三四岁的孩子能够做到的极少，他们在吃掉第一块（棉花糖）奖励前等待的时间也较短。现在回头看看纵向研究。

来自新西兰达尼丁的纵向研究

达尼丁是新西兰南岛的第二大城市，有大约12.5万居民。

这个城市被选定进行一项长期调研，参与者是1972年4月1日至1973年3月31日之间出生的所有当地居民，总人数为1037人。从他们的第三个生日起直至21岁，这些参与者每2～3年，被邀请到达尼丁的研究中心，之后每6年被邀请一次，收集关于他们发育发展的信息。到2011年为止，参与者们每人都到研究中心提取了12次数据。在2004和2005年数据采集的时候，参与者中还有98%在世，其中的22人已经死亡。这是一次参与比例异常高，对参与者的观察持续数十年的纵向研究。这次研究之所以能够完成，首先，研究机构承担了所有的差旅费用（所有研究参与者在采集数据时返回研究中心所在地的全部旅费）。

在数据采集中，对于儿童时代是着重从健康和个性发展的角度进行的。健康方面的信息由医生采集；个性发展方面的信息是通过对家长、幼教老师以及学校老师的询问进行的。随着儿童年龄的增长，对于他们的个性调查也对他们本人进行了询问。当这些研究主体到了入学年龄之后，他们的学习成绩和所上的学校也被进行了统计。成年之后，收集了关于他们的职业、收入、资产、对财务问题的处理以及犯罪的信息。作为成年人，还统计了他们的婚姻状况、子女的数量、家庭的大小以及婚姻生活或同居等状况。这次长期研究的数据至今已经被数千篇科学文献总结和发表，因为这次研究所得到的有趣数据如此庞大，使对于许多不同科学规律的研究成为可能。

对于本书来说，达尼丁的长期研究也异常有趣，因为参与者们从幼儿时期就进行了关于自我控制的测试。这方面的第一次信息提取是在参与者 3 岁的时候，受过培训的实验主导人对孩子进行了认知和运动的测试。通过测试，总结出一个关于自我控制的指数。自我控制较差意味着儿童的挫折承受能力较差，如当儿童被要求结束一个游戏的时候表现不安；经常要求被注意，不能自己做事情；在完成一项任务的时候注意力很快会分散，不能最后完成。这些个性很明显与耐心的“度”有关，让人能够应对一项任务，或者做自己的事情直到相关的人回来和自己在一起。

关于自我控制的信息在第二年被继续提取。参与的还有儿童的父母、幼教人员及老师。从中得出的关于儿童自我控制能力的分级与之前一年的数据比对非常稳定。

杜克大学的女心理学家特里·莫菲特（Terri Moffitt）和她的合作者把达尼丁研究中参与者的自我控制能力分为五级，从“非常有限”到“非常高”。首先，莫菲特和她的同事们研究了不同级别的孩子在青少年时期从如下三个方面是否有差异。

1. 吸烟。

15 岁时，在 3～5 岁的调查中自我控制力被分在“非常高”一组的青少年吸烟的比例约为 20%；自我控制力被分在“非常有限”一组的青少年，吸烟的比例为 47%；而当时分级为中等的儿童，吸烟率为 33%。也就是说，在 3 岁时自我控制能力较高的儿童，至 15 岁之前吸烟的概率较低。这一结果也支持了我们在第三章中提到过的，自我控制能力、耐心与吸烟之间的关联。

2. 学业结业。

“自我控制能力非常有限”这一组儿童中的42%在成年时没有可证实的学校结业，无论上到哪个年级，都到中学毕业。而当初分在“自我控制能力非常高”这一组中的儿童，只有4%这样的情况。中间一组儿童中为19%。

3. 20岁之前的计划外怀孕。

这一项也显现出与前面两项调查相似的结论。分在“自我控制能力非常有限”一组的儿童中有13%在20岁之前发生过意外怀孕。在这个数据中，不只统计了女孩子的情况，也统计了计划外可能当爸爸的男孩子的情况。“自我控制力中等”一组中这种情况为6%，而“自我控制能力非常强”一组中只有3%。

值得注意的是，这三个方面之间不是没有关系的，两到三个特点经常集中在一个人身上，例如，吸烟与辍学。由此可能引发一系列与健康和就业有关，在人生中造成其他负面影响的问题。因此，莫菲特和她的同事们也对他们成年之后的生活状况做了分析。

在2011年发表的论文中，莫菲特集中反映了之前的研究参与者在他们32岁时的生活状况。这个年龄的健康状况也在之后得出了结果：是否有人患有代谢性疾病、呼吸系统疾病、牙周疾病、性传播疾病或者炎症标志物超高。研究参与者中的43%未患有上述五类疾病，37%的人患有一种，20%的人患有两种或更多。在儿童时期被分在“自我控制能力非常有限”一组中的人比分在“自我控制能力非常强”一组中的人，至少患一种疾病的概率要明显高出许多。“自我控制能力非常有限”的一组也经常有酒精依赖和吸毒问题。

莫菲特和她的同事们也研究了达尼丁研究参与者在32岁时的财务状况。调查中运用的数据有：参与者的收入；他们所拥有的财产值（如房产、土地和人寿保险）；他们是否曾经有过还贷困难等。调查结果又一次反映出，儿童时期自我控制能力的程度在32岁这一年伴随着很大差别。儿童时期“自我控制能力非常强”的参与者，有更高的概率拥有储蓄和资产（比如以不动产的形式），受教育水平较高，鲜有关于贷款以及贷款还款的困难。

在个人家庭生活状况上，差别也很大。32岁时，研究参与者中的47%已经为人父母，有了至少一个孩子。不可小觑的一部分已经不和另一半同住而自己独居。儿童时期的自我控制能力对于单亲的概率也有着系统的影响。在至少有一个孩子的研究参与者中，儿童时期“自我控制能力非常高"的研究参与者单亲生活的比例只有25%，"单亲生活"的意思一般是指一个女人单独带着孩子生活或者一个男人离开了他的孩子。在自我"控制能力中等"一组中，这种情况的比例是50%。在"自我控制能力非常有限"的一组中，单亲生活的概率接近60%。当研究参与者自己成立家庭时，儿童时代的自我控制能力也表现出了对其生活状况的影响。这种情况表明，行为不可控的人在共同生活中也常常遇到困难。

在自我控制能力上有问题的人也常常沉迷于赌博。研究参与者们在赌博行为这一项中，根据他们问卷的回答被分为赌博成瘾与赌博不成瘾两组。分组是在参与者们21岁和32岁时进行的。当某人在这两个信息采集时间点的任何一个，问卷调查值（作为判定为赌博成瘾的指标）超标时，这名参与者就被判定为赌博成瘾。在儿童时期"自我控制能力非常有限"的参与者中，赌博成瘾者的比例大约为25%～30%；而在儿童时期"自我控制能力非常强"的参与者，比例仅为10%～15%。这意味着，"自我控制能力非常有限"的人，被定义为赌博成瘾者的风险是"自我控制能力非常强"的人的两倍。

除了上述健康方面以及财务方面的表现、家庭状况和赌博成瘾状况，儿童时期的自我控制能力还表现出与犯罪率有关联。莫菲特和她的同事们得到了新西兰和澳大利亚犯罪记录的数据，用以调查研究参与者在他们的人生中是否有犯罪记录。全部参与者中至少有 24% 有过至少一次被认定有罪的犯罪记录。这又与儿童时期自我控制能力的分组有关系。“自我控制能力非常强”的参与者拥有犯罪记录的概率是 12%；“自我控制能力中等”的参与者为 23%；为“自我控制能力非常有限”的参与者概率为 44%。这种关联也有力地说明，犯罪很明显与比较有限的挫折承受力以及比较有限的个人控制能力相伴相随。

为什么青少年时期的耐心在成年后有所回报——瑞典的研究成果

在瑞典也进行过多个长期实验。其中一个实验搜集了 1953 年出生，在斯德哥尔摩生活的全部儿童的数据。超过 10000 名儿童在 1966 年，也就是 13 岁时，参与回答了问卷中的如下问题：“如果选择马上得到 900 瑞典克朗或者是 5 年后得到 9000 瑞典克朗，你会怎么选择?”备选的回答如下：

①选择马上得到900瑞典克朗

②可能会选择现在得到900瑞典克朗

③我不能决定

④可能会选5年之后的9000瑞典克朗

⑤选择5年后的9000瑞典克朗

巴特·高尔斯特尼（Bart Golsteyn）和斯德哥尔摩瑞典社会研究所的同事们获取了这10000多名儿童后来生活状况的数据。研究者们具体地收集了关于他们健康状况、就读学校、职业教育、就业情况以及失业周期等直至47周岁（截至2000年）的所有信息。高尔斯特尼和同事们在这项研究中的许多结果都证实了他们从新西兰达尼丁长期研究中认识到的关联性。

选择马上得到900瑞典克朗的儿童中超重和肥胖的概率比其他儿童高2%左右。持续多年的严重超重容易引起如下影响寿命的疾病：高血压、糖尿病或者增加心脏病发作的风险。因此，在高尔斯特尼与同事们的研究中发现了耐心与由不健康的生活方式和饮食造成的死亡风险的关联并不让人意外。选择选项①的急躁儿童比选择选项②至⑤的儿童在50岁以前死亡的概率高出几乎1个百分点。

从职业生涯的角度来看，急躁的孩子更经常性地失业，具体来说比其他研究参与者的失业时间要长大约15%。儿童时期被划分在急躁一组的人由于长期失业需要领取更多的社会福利。这些人在47岁时的年薪比在13岁时回答“选择5年后的9000瑞典克朗”的那组人低大约11%。

引起青少年时期的耐心与成年后高收入关联的原因是，耐心的儿童和青少年会获得更好的职业教育。高尔斯特尼和同事们让我们看到，耐心的儿童成绩更好，就学的时间更长，因此能够获得更好的职业教育。这个说法参照我们对儿童智力的统计分析时也成立。就是说，即使是智商相同的儿童，在关于“马上得到900瑞典克朗或者5年后得到9000瑞典克朗”的问答中选择较大金额的儿童，在学校的成绩也会更好，就学的时间更长，因此能够完成更高程度的学业。从这样的学校毕业在职场上能够拿到更高的薪水。在瑞典，还有另一个事实，较耐心的孩子在中学常常选择自然科学分科，这样的分科在20世纪70年代初的瑞典是获得大学入学的先决条件。耐心的儿童成年后平均来说比较富有，是因为他们为职业教育花费的时间更长。换一种说法，他们能够不急于赚钱而更长久地（也更成功地）坐在学校的课桌前。

总体来说，来自世界各地的纵向研究说明，儿童和青少年时期的耐心，也常常被理解为自我控制能力，与成年之后的健康状况甚至职业生涯存在着关联。我认为，其他因素，如一个人的智力和他的原生家庭，也起着作用。在后面的章节中，我将致力于说明这两种因素以及它们与耐心之间的关系。

㈦ 母乳喂养与父母的耐心：原生家庭的影响

儿童在生命的初期很自然地受到他（她）们的父母以及家庭环境深刻影响。出于这个原因，我们当然希望，原生家庭的影响也能够培养儿童的耐心和自我控制能力。

母亲的行为对于五六岁儿童的耐心的影响

瑞士苏黎世大学的比约恩·巴特灵（Björn Bartlin）、恩斯特·费尔（Ernst Fehr）和同事们在2008年做了这样一项实验。他们以人口抽样调查的形式对270名母亲以及她们五六岁的孩子进行了访问。调查访问是在参与者自己的家中进行的，这样能够使孩子们待在对他们来说自然的环境中。当母亲回答长长的问卷时，她们的孩子的耐心使用与本书开头克拉拉和埃尔克的例子中描写的同样方式进行了评测。孩子从实验者那里得到两包小熊软糖，一包打开，一包没有打开。如果孩子直到母亲填写完问卷时都没有从打开的包装里拿糖，那么他（她）就可以得到第二包小熊软糖，否则将不能得到第二包小熊软糖。

270 名儿童中的 211 名（约占 3/4），耐心地等到了他（她）们的母亲接受调查完毕，平均时间为 40 分钟。59 名儿童（大约占 1/4）没有耐心等待，在调查没有结束时就从打开的包装里拿糖吃了。这 59 名儿童中的一大半只等了不到四分钟，也就是很短的时间。

在对母亲们的访问中，对她们的耐心和财务决定做了评测。母亲们需要选择，是在早些时候得到 100 欧元还是在晚些时候得到一个较多的金额。早些时候是指马上或者在 6 个月内给付，晚些时候是指 6 个月或 12 个月以后，越晚得到的金额越多，以评测出母亲愿意为了 6 个月或 12 个月后的多少金额而开始等待。每 7 位母亲中的 1 位能够真正得到她们所做决定中的金额。如果选择了晚些时候得到，这笔钱将在 6 个月或 12 个月以后转账给她。

母亲们的决定反映出与本书中介绍过的许多小组相近的多样性。有非常耐心的，为了很少的收益就愿意等待 6 个月或 12 个月；也有非常急躁的，总是选择在尽可能早的时间拿到 100 欧元。这之间是各种不同的分级，但是这些在此意义都不大。我们感兴趣的是，母亲们的决定与她们的孩子之间的关联。这里，我们展示一些结果：当一位母亲做出耐心的决定，即常常选择在晚些时候得到一个较多的金额，她的孩子也常常能在采访结束前不从打开的包装里拿糖吃。

这种密切的关联程度可以被说明如下：先把母亲们按照她们选择的愿意等待的金额排列，分成 4 个人数相同的组。第一组中是最急躁的母亲，第四组是最有耐心的母亲。然后可以把孩子对照她们母亲的分组进行比较。例如，一位母亲可能被分在第一组，另一位被分在第二组。那么，第二组的这位母亲的孩子在访问结束前没有吃打开包装的小熊软糖的概率比第一组高大约 6%。

母亲的决定与她的孩子之间这种明显的关联乍看上去让人感觉很意外，因为这是两个完全不同的决策情境。母亲要权衡的是或早或晚的不同金额；而孩子要决定的是早点从一个打开的包装中拿一块糖还是晚些得到多块糖。两个决策情境中相同的元素是："前瞻性行为"能够带来更多的奖励，这里是指更多的金额或者一包附加的小熊软糖。母亲的"前瞻性行为"基本上传到了孩子的决定中。导致这样的结果是因为母亲与孩子相处时，为未来更多的奖励而等待的行为，对孩子的耐心是有影响的。沃尔特·米歇尔以前的实验证明，模仿在这方面有着很重大的意义。一般来说，母亲的行为有耐心，孩子也比较有耐心。巴特灵和他的同事在对母亲的调查问卷中也收集了关于早期母婴关系的信息，以便更好地认知有可能影响儿童行为的因素。一个核心的指标是儿童的哺乳期。哺乳给予婴儿成长最基本的支持，经常被认为对孩子的认知能力起着正面的影响。哺乳与儿童的耐心有关联吗?

在参与巴特灵和他的同事们的实验的270位母亲中，有213位用母乳哺育自己的孩子。这213位母亲哺乳的平均时间长度为5个多月。然而，不能等到第二包小熊软糖的孩子与能够等到第二包糖的孩子的哺乳期的长短不同。急躁的孩子的平均哺乳期为4个月，而耐心的孩子的平均哺乳期为6个月。这种差异是具有统计意义的，它证明，哺乳期的长短与儿童等待更多奖励的能力之间存在着正面的关联。为了完整起见，这里要特别指出的是，接受过母乳喂养的儿童（无论多久）与没有接受过母乳喂养的儿童在等待第二包小熊软糖的能力上是没有区别的。因此，上述结果中不能得出结论，母乳喂养与儿童的耐心之间存在必然的关联。而对于母乳喂养的儿童，可知的是，母乳喂养的时间长短对耐心是有影响的。另外，这个基本的结果在20~25岁的大学生中也得到了证实。婴幼儿早期母乳喂养时间较长的大学生在耐心评测中的决定也是较有耐心的。

父亲的教育背景和收入

在我们用了如此多篇幅阐述母亲的影响之后，有必要提及的是目前为止相对较少的，父亲的影响。沃尔特·米歇尔早在20世纪60年代就已经在他的“棉花糖实验”中研究了父亲在学龄前儿童行为中所起的作用。从而发现，来自没有父亲的家庭的儿童比家庭生活中有父亲的儿童对于等待第二块棉花糖很明显地更加困难。父亲的存在与缺少很自然地对一个家庭的生活条件有影响，正如标题中提出的，（家庭中）父亲的教育背景和收入是否与儿童的耐心有关呢？高尔斯特尼和同事们在瑞典的研究给出了这个问题的答案。

1963年，研究者调查了1953年出生的斯德哥尔摩儿童父母的收入。关于选择“现在的900瑞典克朗还是5年后的9000瑞典克朗”的耐心调查是在1966年进行的，因此，1963年的收入数据对分析研究参与者的家庭生活条件提供了一个很好的指数。另外，在收集收入信息的同时，研究者对于参与者职业教育的信息也进行了了解。调查反映出，父母受过较高教育的儿童耐心较好，父亲或者母亲的教育程度在此都一样起作用。换句话说，父母受过良好教育的孩子更多地选择或者可能选择 5 年后的 9000 瑞典克朗而不是马上的 900 瑞典克朗。

有趣的是，在收入方面，产生的效果是不同的。父亲收入高的儿童表现出更大的耐心度，他们更经常地选择愿意为 5 年后的 9000 瑞典克朗而等待。而根据母亲收入的变化则相反，高收入的母亲的孩子反而比较急躁。也就是说，收入并不对儿童的耐心一直有着同样的影响。对于这种区别的一个可能的解释是：母亲收入低常常意味着这位母亲不工作或者只工作几小时，这使母亲能够有更多的时间可以与她的孩子一起度过，这可能对孩子的耐心和自我控制能力起到正面的影响。这种解读与巴特灵和同事们在德国所做的实验的结果相符。婴儿时期更长时间的母乳喂养对儿童的耐心具有正面的影响。而想要更长时间哺乳的母亲，一般会比较晚地回到工作岗位上，这至少与母亲阶段性的收入较低有关。这一点与瑞典的研究结果一致。

家庭成员之间相处方式的影响：不能兑现的诺言与耐心有关系吗

父母收入与教育背景的影响并没有完全地说明，一些特定的行为方式是否或多或少地有利于培养儿童的耐心。瑞典与德国的研究结果并没有得出结论，收入高或者受教育程度高的父母与收入低或者受教育程度低的父母在对待孩子的时候行为是否有所不同。只有母乳喂养这个调查结果，涉及母亲与孩子之间非常特殊的个人关系，母乳喂养时间较长的儿童耐心较好。在这里我们感兴趣的是，父母对待孩子的其他行为方式与孩子的耐心度之间是否也有关联。能够很好地进行对比的决策环境是获得有依据的科学陈述的必要条件，因此，上述这个问题可以很容易地通过一个对照实验得到解答。

具体的问题是：家庭环境中的可靠性对于儿童做出前瞻性决定的行为是否有影响。人们很容易想象，当儿童很确定在将来真的能够得到更多的奖励时，他（她）就会放弃马上得到较少的奖励而等待未来更多的奖励。但首要问题是，这名儿童在将来这个时间点是否还想要这个所谓的更多的奖励。当所谓的未来仅仅是在几分钟、几小时或者几天之后时，我们可以认为，这名儿童的基本愿望没有改变。更重要的问题是，在未来，这个关于更多奖励的承诺是否能够兑现。如果与预期的不同，儿童极其一般和明显的反应就是，不再等待未来更多的奖励而是选择马上得到较少的奖励，这种选择更加保险。

罗切斯特大学的塞莱斯特·基德（Geleste Kidd）和他的合作者对 28 名三岁半至五岁半的儿童进行了调查。通过这个调查他们想了解，不兑现的承诺对于儿童等待更多奖励的行为有着怎样的影响。

实验开始时，一个孩子被邀请进行绘画并用小贴画对一张画完的图画进行装饰。画画时，孩子首先会得到一盒用过的、很短的、笔尖没有削好的彩笔。实验者向每个孩子承诺，他们可以使用这盒彩笔，如果他们愿意多等一会儿，等到实验者从旁边房间把新彩笔拿来，他们也可以得到新的彩笔。由于旧彩笔被故意弄得很糟糕，简直没法用来画画，所有的孩子都请求实验者去拿新彩笔。两分半钟之后，实验者重新回到房间里。他给一半的孩子带回了能用的新彩笔，而对另一半孩子，实验者没有带回新彩笔，并且告诉他们，很遗憾没有可以用的新彩笔了，他们必须用旧彩笔画画。在这之后，实验者又对小贴画重复了这个过程。孩子们首先得到旧的、不漂亮的用于装饰图画的小贴画，被告知可以等待一名实验者取来新的、漂亮的小贴画。

这一次，所有的孩子也都等着实验者回来。一半的孩子，同样是那14个不得不用旧彩笔画画的孩子，又被告知没有新的小贴画了。而另一半孩子得到了全新的小贴画。孩子们开始用得到的小贴画装饰图画。

而评测耐心的实验此时才真正开始。实验者从桌子上收起所有的图画、彩笔和小贴画，发给他们每个人一块糖。孩子们可以马上吃这块糖，但是实验者许诺说，如果他们能够等等，直到实验者从旁边的房间拿回第二块糖，他们将得到两块糖。之后，实验者离开房间，15分钟之后回来。在他离开的时间里，孩子们可以玩玩具或者吃糖。实验室中一台隐藏的摄像机对孩子们在吃糖之前是否等待以及等了多久进行了记录。

在这里，决定性的问题是，儿童在评测耐心的实验中，对于之前发生的，实验者关于彩笔和小贴画的承诺可靠与不可靠是如何反应的。实验的假设是，在实验者身上得到的不愉快经历会使孩子不再相信，如果他不马上吃掉第一块糖，他会得到第二块糖。

实验的结果准确地反映了这个关联。14 名遇到“不可靠”实验者的孩子中只有一名等着第二块糖，其他的孩子都很快吃掉了第一块糖。平均等待的时间是 3 分钟。而另一组中遇到“可靠”实验者的孩子中，有 9 人耐心地等到实验者拿着第二块糖回来。这组孩子平均等待的时间为 12 分钟，也就是另一组的 4 倍。由于所有的 28 名儿童是被随机分入“可靠”或者“不可靠”一组的，这种强烈的差异肯定是由实验者的行为引起的。由于这些孩子经历了两次不兑现的承诺，他们宁可很快地吃掉面前那块糖。相比之下，经历可靠承诺的孩子更多地等待未来更多的奖励。

这个实验的结果清楚地表明，等待的能力不光有个人的差异，外在的条件也是影响耐心等待未来更多奖励的一个重要因素。当一个孩子不确定诺言在未来是否会兑现的时候，他（她）当然，从孩子的角度来看甚至是极具意义的，决定不去等待。当等待变成失望，诺言无法兑现时，让孩子为了将来得到更多而放弃现在的某些东西是很难的。这不仅仅是关于现在的一块糖与 15 分钟后的两块糖的比较，还涉及这个孩子所有的衡量“这里”“现在”

与未来的一般问题。这显然与父母和孩子相处的方式有关。教育经常是建立在父母给孩子奖励以达到某个目的的基础上的。这些目的可能是日常生活中的小事，例如希望孩子吃光碗里的饭，或者让孩子玩耍后收拾自己的房间，也可能是关于职业教育的重要问题，比如父母对好的考试成绩给予奖励。这样的奖励如果在宣布后被无故取消，具有非常严重的后果，至少会影响孩子对长远目标的追求。从孩子的角度来看，如果父母或者其他重要的人（比如老师），的承诺不可靠，孩子在他（她）的环境中不可预知地经历这种“不可靠”，那么会导致孩子前瞻性行为的减弱。因为对于这个孩子来说，不去等待未来那些可能的奖励而集中追求“这里”“当下”，是更加确定和具有吸引力的。等待变得难以接受，长期的目标变得缺乏动力，因为这个孩子不再确定当目标达到时，承诺的奖励是否会兑现。对儿童来说，当他们做出关于未来的决定的时候，父母和其他重要人等的可靠程度意义重大。

承诺可靠性不仅在孩子的教育上，对成年人来说也同样具有意义。在职场生涯中，激励员工追求长远目标对企业来说非常重要，比如开发一项新产品。这样的激励一般由奖励构成，比如升职、加薪、奖金或者荣誉。如果当追求的目标达到时，之前承诺的不能兑现，对于企业来说将是致命的。这样的失望一方面会对员工的积极性造成极大的负面影响，另一方面会使企业在未来通过激励达成长期目标时遇到很多困难。企业信任度一旦被动摇，想要重新建立新的信任，需要很多努力。在这个重新建立的过程中，很多员工对于追随企业的目标将会缺乏积极性。

这一章从多方面研究了影响耐心度的重要外界条件。核心是对儿童的耐心具有多种多样影响的家庭条件，如母乳喂养、父母的教育背景、收入以及与父母关系中的可靠性。

每当我在报告中提及耐心及其对人生的影响时，总能听到一种言论，认为耐心仅仅是儿童智慧的一种表现，因此，人生中影响结果的唯一重要因素是儿童的智力。当我像在本章中讲述关于父母的影响时，也听到了同样的理论。耐心真的只与智力相关吗？在此之前的那些观点都错误地看待了这一点？或者应该把本书副标题倒过来：最终还是天赋完胜耐心（或者说智慧完胜耐心）？关于这个，我要在接下来的一章中认真回答。

所有这些仅仅是智力问题吗？

——耐心与智力

耐心与智力是相关联的吗？
对儿童和青少年的调查结果

比约恩·巴特灵和他同事们的研究为本章找到了一个很好的出发点。这个研究组发现，较长的母乳喂养时间可以影响五六岁儿童的耐心，耐心母亲的孩子也更有耐心。在这个调研中，也对儿童的语言智能程度做了调查。每个孩子得到一个概念和四张不同的图画，孩子需要从图画中选出与概念最契合的一张。例如“冬天”是一个概念，四张图画上分别画着一棵树，其中，一张正在发芽，一张有丰茂的树叶，一张是光秃的树枝，一张是树枝上覆盖着雪。参加测试的儿童总共须为 61 个不同的概念选出适当的图画。一半的参与儿童给出了 51 个以上的正确答案，另一半参与儿童给出了 19 个至 50 个正确答案。那些能够等他（她）们的母亲访问结束后再从打开的包装中拿小熊软糖吃的儿童，平均能为 51 个概念找到适当的图画；那些在他（她）们母亲访问结束前就从打开的包装里拿糖吃的儿童，平均选对 48 个。这是关于耐心与智力相关联的第一个提示，但并不表明这两个维度的评测是一致的，仅仅关注其中一个就可以了。有一点需要简短说明：在其他年龄组，耐心与智力也表现出了关联。

巴特·高尔斯特尼和他的同事们在对瑞典青少年的研究中也发现了耐心与智力之间是有关联的。在20世纪60年代对斯德哥尔摩及周边10000多名青少年的调查中，也对他们的认知能力进行了测试。测验中，参与者被要求做二维和三维空间图形的心理旋转（心理旋转是一种想象自我或客体旋转的空间表征动力转换的能力，也是一种评定空间智能的重要标尺。——译者注）实验者向13岁的少年们首先展示一个二维或三维的物体，然后，被测验者需要从多个物体中选出经过旋转之前的那个物体，无论物体是以什么样的轴进行旋转的。题目的备选答案中只有一个是正确的。正确的答案常常被比较耐心的少年找到，这些少年在关于耐心的测验中，当问到是选择马上得到900瑞典克朗还是5年后得到9000瑞典克朗时，回答是比较耐心的。高尔斯特尼和他的同事们的实验提供了一个提示：耐心与智力，这里特指空间想象力，不完全相同，从而与青少年的决定没有相互影响。这个提示是根据如下事实得来的：智商完全一样的青少年由于耐心程度不同，达到的受教育程度也不同。在智商相同的情况下，比较耐心的青少年比较为急躁的青少年，在学习上会投入更多的时间，从而能够取得更高的学历，进入职场时能够更快地升职，从中、长期来讲收入更多。相反，耐心度相同而智商更高的的青少年比智商较低的青少年能够完成更长的职业教育以和取得更高的学历。这证明，耐心和智力相互独立地影响人们的行为。

然而，有一个问题还没有得到回答，那就是：耐心和智力哪个更重要？这个问题我们将在本章的最后一节详细论述。

童年的耐心与成年早期的认知能力

为了加深对于耐心与认知能力间关联的了解，我们在这一节中介绍由英格－玛丽·艾格斯蒂（Inge-Marie Eigsti）、沃尔特·米歇尔和他们的同事们进行的一项研究。他们研究的问题是：儿童时期等待更多奖励的能力是否与青年人的认知能力有关。为此，他们对 34 名 4 ~ 5 岁的儿童进行了如下研究：孩子们首先说出他们想要一块糖还是两块糖。每个孩子都优先选择要两块糖。然后，实验者告诉孩子们，如果他们能够等待 15 分钟，直到实验者从旁边房间做完别的工作回来，就可以得到两块糖。如果有谁不想等那么久，可以按铃呼叫实验者，但只能得到一块糖。实验者把两块糖都放在孩子面前的桌子上，离开房间，房间里除了放着糖的桌子以外没有其他可以分散注意力的物品，没有书，也没有玩具。实验者离开房间之后，孩子们的行为会通过一块单面镜被拍摄下来。

这个实验要关注的是孩子在糖果和按铃上面消耗的时间。就是说，孩子对这两个事物关注的时间越少，比如，他（她）转过身，用手捂住脸或者唱起歌，等待就越容易。转移自己的注意力是一种对尝试的回避策略，需要自我控制。孩子的行为之后会被一秒一秒地分类，他（她）是在注意按铃还是在注意糖块。当一小部分的注意力是同时在这两个东西上时，会被解读为自我控制的最高程度。

14 年之后，同样的研究者对同样这 34 个孩子（他们已经成年，是十八九岁的青年了）做了一个关于认知控制的实验。实验的题目是心理学上被称为“go/no-go”（进行/停止）的任务。

实验参与者需要对一些特定的视觉刺激做出反应；同时对另一些视觉刺激不做出反应。这 34 名参与者得到的任务是在电脑上虚拟喂养一只老鼠。他们在屏幕上观看一个图画，时间半秒钟，图画中看到的可能是一块奶酪，也可能是一只猫。当奶酪的图画出现时，参与者需要按确认键；当猫的图画出现时，不允许按确认键。一张图画显示之后，在下一张图画出现之前，屏幕会出现一秒钟黑色，用于做出判断——按确认键或者不按。在这个任务中，图画的顺序是经过系统变化的，这意味着，在每张猫的图画（停止）之前会出现数量不定且不完全相同的奶酪图画（进行）。这种变化的顺序使人很难做出快速的反应。任务成绩的评判是通过对“进行任务”反应时间的测量和对“停止任务”错误率的统计（例如当猫的图画出现时按下了确认键）。“进行任务”越多，也就是说，猫的图画出现之前奶酪的图画越多，这样的错误就越经常发生。

“go/no-go”（进行/停止）任务中的成绩与这些青年四五岁时的行为之间存在着关联。儿童时期对糖块和按铃投入注意力越少的青年，反应越快。研究人员把34个孩子分成两组，一组中的孩子对按铃和糖块注意力较少，另一组孩子对按铃和糖块注意力相对较多。两组的反应时间平均相差8%。儿童时期能把精力集中在糖块和按铃以外的其他的事情上的人，反应较快，被认为认知控制的水平较高。智力也常常被认为是与某人处理认知过程的速度相关联的。在这项任务中，要求对于猫和奶酪图画的认知过程反应要快而且正确。值得注意的是，做出决定较快的一组并没有更高的错误率。在许多时候，速度是需要牺牲正确率的，在这里却不是这样。研究人员最终是这样阐述他们的结果的：儿童时期自我控制的能力与人们青年时的认知能力有一定关联，更好的自我控制能力会为以后带来更快的信息处理能力。

德国成年人代表性抽样调查中耐心与智力的关系

在一项对德国工作年龄段居民的代表性抽样调查中，有关于耐心与智力之间的关联的数据。波恩大学的托马斯·多曼（Thomas Dohmen）和他的同事们对500名参与者中的每人都进行了两项智力测试以及评测耐心的实验。在一项智力测试中，首先向参与者展示9个不知名的被标记为1~9的标志，然后在屏幕上显示其中的一个，参与者们必须尽快给出相对应的数字。实验任务是，在90秒内，尽可能快而且正确地为这些标志标上数字。参与者们平均为 30 个标志正确地标上了数字。第二个测试要求参与者在 90 秒内尽量的地列举不同的动物。这是一个简单的测试，用以测试语言能力。表现最好的参与者能在 90 秒内列举出 70 种动物，真是让人惊奇。比较好的一半参与者能够列举出 22 种以上的动物，比较差的一半参与者能够列出大约 21 种动物。总体平均数是 25 种。

评测耐心的方法与本书中前面介绍的大多数实验方式一致。参与者可以选择马上得到 100 欧元或者在整整一年后得到更多的金额。更多的金额是逐步加大的，每次增加 2. 50 欧元，最终直至 150 欧元。也就是说，第一个选择是马上得到 100 欧元或者一年后得到 102. 50 欧元；第二个选择是马上得到 100 欧元或者一年后得到 105 欧元，等等。当一位参与者选定了一个愿意为之等待的金额，例如 110 欧元，他还会被问到是否也愿意为其他更高的金额等待。如果他回答“是”，所有的回答其实都是“是”，这名参与者就不需要为后面其他的金额逐个单独做出决定了。较耐心的人在较早的时候就选择一年后的金额，而急躁的人直到相对较高的金额出现时才愿意等待。支付都是通过一张支票完成的。选择了马上得到一定金额，支票上的日期就是调查的日期，可以马上兑现。除此之外，支票上的日期都是一年后的，到时候才能兑现。

与儿童和青少年一样，成年人智力测试的结果与通过评测的耐心之间也存在关联。在智力测试中结果较好的人，更为耐心，为较少的金额就开始一年的等待。研究者们把实验参与者按照他们智力测试的结果分为五组，呈现出的区别如下：最弱的1/5，在智力测试中成绩最差；在一年后的金额没有达到135欧元以前会选择马上得到100欧元。最强的1/5，在智力测试中成绩最好；一年后金额达到125欧元时开始选择等待而不是马上得到100欧元。多曼和同事们的这些数据还显示出另外一种常见的现象：比较耐心的实验参与者拥有更高的收入。实验时是否正好缺钱，在耐心度评测的选择中没有意义。

总体来说，多曼和同事们的结果可得出如下结论：智力与耐心是相互关联的。他们特别指出，在这两个维度使用不同的评测方法，能够从这两个维度都搜集信息，因为他们各自独立地影响人们的决定。简单来说就是，智力较低但耐心和毅力较好的人，可能和智力较好而耐心和毅力较差的人成就相当。最理想的是，智力较高的同时又具有耐心和毅力。不是每个人都能具备最理想的条件，但是，令人感到欣慰的是，人们可以通过“某种方式”用一方面去弥补另一方面。这里特意用了“某种方式”这个虚幻的说法，因为接下来应该要讲解的是：耐心与智力，哪个更有意义。

耐心与智力，孰重孰轻

对1972年至1973年在新西兰达尼丁出生的1000多人进行的纵向研究回答了这个问题。先要简短地介绍一下，研究者们在这个研究中是如何测试智力的。孩子们分别在7岁、9岁和11岁时接受了适用于儿童的“韦氏智力测验”(Wechsler-Intelligenztest)。这个测验在德语世界被称为“汉堡韦氏智力测验”(Hamburg-Wechsel-Intelligenztest)即，关于语言理解能力、逻辑思维、工作记忆以及认知过程处理速度的测验。

例如，语言理解能力是这样测试的：对于一些指定的词汇进行定义，使用同义词、近义词，或采用整句对其特性进行描述，或者根据一些提示猜出指定的词。在测试工作记忆时，孩子们需要复述数字顺序，每一次数字都会变长一位。例如，测试从 1 和 3 开始，之后在后面加上 5，然后再加上 8，再加上 7，再加上 2，等等，至此顺序应该是 1，3，5，8，7，2，如果一个孩子能够正确地按顺序复述出来，实验者就会在后面再加上数字（比如 4），继续下去，直到参与测试的孩子出错。处理速度的测试，是通过在一定的时间内，把有提前固定好号码的标志按号码归组，数量要尽量多而且保证正确性。逻辑思维的测试是这样进行的，例如，孩子们看到 5 个图案，然后从多个新的图案中选出看到过的 5 个并按顺序排列，补充为第 6 个图案。

与在此之前介绍的实验一样，达尼丁纵向研究的参与者们在智力程度与耐心度之间显示出积极的联系。智力较高的儿童能够更好地等待，父母和老师估计他们拥有更好的控制冲动以及自我控制的能力。

为了确定耐心和智力各自对人的行为具有哪些影响，研究人员把这两个维度都纳入数据统计评估，以此验证两个维度各自对行为的影响。例如，在说明达尼丁纵向研究中成年参与者的健康状况时，对其他的几个相关因素的影响也进行了测试，如性别、收入、婚姻状况、子女数目、父母资产，以及智力和耐心程度。最后两个因素在统计分析中的值在参与者的儿童时期已经得到采集，因为研究中需要测试的是这两个因素——智力与耐心，对日后的生活具有什么样的影响。根据每个因素的影响大小不同，可以得出结论，其中某个因素具有相对而言更强烈的影响力。

特里·莫菲特和她的同事们在达尼丁纵向研究中也运用了这种方法，我们在第六章中已经做过详细介绍。他们在调查中发现，在儿童时期，无论是耐心还是智力，都与对于成年人来说意义重大的生活条件没有联系。对于收入与社会经济地位来说，智力比耐心的影响力似乎稍大。对于健康状况来说，两个因素的影响大小完全相同。而耐心在以下有些方面又比智力的意义更重要，如成年后是否会成为单亲父母，是否经常遇到财务困难，或者是否会犯罪。要特别指出的是，智力和耐心在这些问题上其实都很重要，只不过，智力和耐心的意义在人生中不同领域的相对意义有轻微的不同。在有些领域是耐心或持久力更具意义，在另一些方面则是智力更具意义。

有趣的是，这些结果显示，耐心可以是智力的一种“替代”；而智力也是所缺乏的耐心的一种“补偿”。简单来说是这样的：有的人不够聪明，但是很有耐心；另一些人缺乏耐心但智力很好，他们会取得差不多的成就。如果两者兼具，那当然是最好的了！对此，家庭背景的影响也比较大，在这一节的最后要补充说明这一点。达尼丁纵向研究通过对研究参与者成年之后的收入、受教育程度以及健康状况的评测的结果说明，父母受教育程度较高，职位较高，对于他们成年之后人生的成功，是有促进作用的。

除了耐心以外，个人的智力因素和家庭背景，如父母的教育程度和工作等都对一个人的成功有重要影响。只是，对于一个儿童来说，智力与家庭背景是很难改变的，而耐心则不同。这意味着，在某些情况下，一个成功的人生，可以通过“训练”耐心得到。正是在这一点上，许多研究都在追寻一个问题的答案：耐心的程度是可以影响甚至“训练”的吗？如果可以，这将是一个可以极大地正面影响人们生活的极具潜力的方法。我将在第十一章中论述这个问题的答案。在此之前的两章中，我们还要分析影响耐心的另外两个重要因素，即语言，以及大脑在我们做出前瞻性决定时的作用。

㊈ 语言对前瞻性决定的影响

语法，语言与健康相互关联吗

耶鲁大学的陈基思（Keith Chen）在2013年发表了他的研究成果，从而得到了全世界媒体的关注。陈在他的论文中揭示了，人们所使用语言的语法与他们权衡当下与未来利益时所做出的决定有关。这意味着，人们是否会更幸运一些取决于出生在哪个语言区。语言有可能像家庭背景一样具有强大的影响力。这些影响的存在对于儿童来说是不可控的，但是这种影响确实存在！语言的这种意义到底是怎样的？语言对于前瞻性决策又具有那些影响呢？

陈的论文列举了如下事实基础：语言与语言之间在这一点上的区别在于——是否能够用现在时态谈论未来（不是必须）；或者想要语法正确地使用这种语言是否必须使用将来时态。尽管德语中有将来时，人们仍然可以使用现在时谈论关于未来的事情。比如“明天我读另外一本书”（Morgen lese ich ein anderes Buch）就是这样一句话，谈论的很明显是一件未来的事，而语法上用的是现在时，并且语法是正确的。而在有的语言中，要语法正确则必须使用将来时。在英语中的说法是“Tomorrow I will read another book"，也可以说"Tomorrow I am going to read another book"，相反，则语法上不正确。可能口语中不能完全排除这样的说法"Tomorrow I read another book"。由此，语言学上把语言分为两种：一种语言中可以用现在时态谈论未来，也就是不用将来时态，其中包括德语、汉语、日语、芬兰语、挪威语等。这些语言中有将来时态，但是在谈论未来时不是必须使用。这种语言因此被称作"没有将来"，并不是说没有将来时态，而是人们不是必须使用将来时态。后文中的"没有将来"就是专指这个意思。另一种语言是，当人们想要语法上正确地谈论将来的时候，必须使用将来时态。这种语言中包括英语、希腊语、法语、意大利语以及阿拉伯语等。

使用"没有将来"的语言和使用只能用将来时态表达未来的语言，为什么会对人们做出前瞻性决定产生影响呢？在这里，陈把语言学中的见解与经济学研究相结合，对他的理论做出了如下论证：在权衡现在较少的奖励与未来较多的奖励时，所谓的"未来"到底有多远，对于人们的决定是非常重要的。人们可以直观、迅速地判断，为了更多的奖励需要等多久。例如，在选择马上得到100欧元与明天得到200欧元时，大多数人会等到明天得到200欧元；而在选择马上得到100欧元与十年后得到200欧元时，大多数人会选择马上得到100欧元。陈的理论是，当人们提及未来时，与需要使用将来时态的语言相比，未来在“没有将来”的语言中显得更近。例如，在德语中人们说“明天得到200欧元”，英语中的说法是“明天将要得到200欧元”，相比之下可能德语的说法感觉时间上更近。而当未来让人感觉不是那么远的时候，等待也变得更容易些，相应的，储蓄、时间较长的职业教育、健康饮食、参加运动也就更具有吸引力。

除了这个论点以外，陈还有另外一个支持自己理论的思想：当人们只能用将来时态谈论未来时，相比可以“没有未来”地谈论未来，会从精神上把当下与未来分得更加清楚。这种强制性将来时态的语言中的强烈距离感会导致未来更加不确定的感觉。当未来的事情不明朗、不确定会发生时，前瞻性行为的吸引力就比较小。如果不能享用退休金，为什么要储蓄它呢？如果长期超重不会带来不良影响（如高血压或较高的心脏病发病率），为什么要放弃朋友请客的丰盛晚餐呢？当在语言中使用将来时谈论未来时使这件事情显得不太可能的时候，衡量当下与未来，就会使未来失去价值和吸引力，从而比较不能保证对前瞻性行为的选择。根据陈的假设，使用“没有将来”的语言的人群，例如，讲德语的人群，能够更好地储蓄，退休时资产更多，生活更健康，吸烟和肥胖的人也较少。而根据这个假设，使用语法上要求用将来时态表达未来的语言的人群，进行储蓄的较少，退休时资产较少，健康状况较差。

作为一个讲德语的人可能倾向于马上接受这个假设，因为这对于他们来说是一个有利的预测。将来能更多地储蓄，老年时有更多资产，还更健康，谁不愿意听别人这样说自己呢？但是，尽管陈的理论证据充足，却还是引起了许多异议。语言学家们首先就陈关于语言分成“没有将来”与语法上要求使用将来时态表达未来两种的观点提出了异议。但是，由于这种语言的分类并不是由陈自己做出的，而是由其他语言学家做出的，陈只是引用了这种分类，所以这个批评既没有目的性也缺乏说服力。另一种更合理的批评认为，对人们行为起到影响的并不是语言本身，每种语言都伴随着不同的文化，而文化是语言差异的根源，因此，这种差异归根结底是文化的差异。这一类批评者认为语言是一个国家或者地区文化的组成部分，是不能与文化分割开来的。要判断语言的影响，可以在数据分析时参照文化差异对假定做出验证。对于陈的假设的批评中最终的问题是，这种假设是否得到了经验数据的验证。在这一点上，陈有着惊人的发现。

通过对76个国家和地区数据的研究，陈发现，语言中能够用现在时态表达未来的人们很明显地能够更经常地储蓄。这个数据来源于一项几乎在全世界进行的调查研究——世界价值观调查。这个调查中对每个国家的居民根据不同的采访主题进行了代表性调查。其中的一个问题是：（被调查者）在过去的一年中是否进行储蓄，即总收入是否高于总支出。这个问题可以通过“是”或者“不是”回答。使用“没有将来”语言（如德语）的人群中，答案为“是”的概率比其他地区高出大约30%。这项调查在个人层面上考虑了以下的因素：参与者的年龄、性别、个人收入、是否失业、家庭规模以及孩子的数量。在统计分析中还参照了其他因素：失业率、储蓄利率、价格和收入水平，以及一个国家的经济增长率。尽管考虑了上述那些因素，语言的影响依然很大。值得注意的是，从数值来看，语言具有与失业率同等的影响力。与有工作的人群相比，失业者人群的储蓄比例低30%。这个数值的大小正好和使用“没有将来”的语言（如德语）与使用语法上要求使用将来时态表达未来的人群之间的差异相同。

通过分析，陈引入了世界价值观调查中的另一个问题，这个问题可以捕捉文化之间的差异。参与问答的人需要回答的这个问题是：在他看来，节省和储蓄是否是一种需要传递给儿童的重要美德。数据显示，以“是”回答这个问题的人群，本人储蓄的概率比其他人高10%，但这个价值观念的影响结果明显小于受语言影响的人群（30%）。与语言的影响相比，文化的价值观念对于储蓄的重要性的意义明显较小。

使用像德语一样语言的人群具有较高的概率进行储蓄，必然导致在退休时拥有更多的资产。陈在欧洲13个国家中通过人们退休时的财产数据与他们使用的语言的对比，进行了数据的详细论证。使用“没有将来”的语言的人群比使用语法上必须用将来时态表现未来的语言的人群，退休时拥有的财产多40%。这个结果也与陈的假设一致。

陈也对这13个欧洲国家个人层面上的健康指数进行了分析。分析结果与开始退休时的财产数据一致。使用“没有将来”这一类语言的人群比使用语法上要求用将来时态的人群生活得更健康。有些差别甚至很大。在必须使用将来时态的人群中，曾经吸烟和正在吸烟的人数的概率比使用“没有将来”的语言的人群高出24%。在前一个人群中，经常或长期参加体育锻炼的人数少29%，体重超重的人数（根据身体质量指数）多13%。这一人群的肺活量与握力也相对较小。所有这些指标综合反映出，这个人群的平均健康状况较差。

陈在他的分析中也考虑到了那些批评的观点，不同国家使用不同语言的人经常受到很多其他的影响，因此，语言不同可能并不是造成决定性差别的原因。对此，他选取了在同一个国家、地区或者城市中同一个微环境中使用不同语言的人群。瑞士就是一个很好的例子，因为在瑞士东部，人们使用不要求将来时态的德语，而在瑞士西部和南部使用要求将来时态的法语和意大利语。陈的研究结果显示，德语区的瑞士人在过去的一年中，比法语区和意大利语区的瑞士人的储蓄的概率高（大约30%）。人们也可以说，在瑞士东部与其他地区不仅仅存在语言差异，同时也存在文化差异。为了回应可能存在的这个批评，陈调查了布鲁塞尔市的居民，他们有的使用荷兰语，有的使用法语。在同一城市中，使用两种不同语言的人群退休时的财产也有差别。布鲁塞尔市居民中，荷兰语人群（能够像德语一样谈论未来）比法语人群拥有更多资产。对于这个结论，也有人可以挑毛病，因为在比利时，弗莱蒙人与瓦隆人之间的差异很明显，不仅仅是语言不同，传统上从事的职业也不同。对于这种批评，可以通过对在同一地区长大而语言不同的儿童的储蓄行为的调查结果进行回应。我和我在因斯布鲁克大学的同事们一起在南蒂罗尔梅拉诺镇的学校中进行了这样一次实验，这次调查我在本书的第二章中已经提到了。接下来相关的问题是：语言在儿童时期就已经对储蓄行为具有影响了吗？

在梅拉诺镇使用意大利语与德语的儿童：储蓄行为是否沿着语言边界存在差异

梅拉诺是南蒂罗尔的第二大城市。南蒂罗尔这个意大利的自治省直到第一次世界大战结束时还是属于奥匈帝国的。根据 1919 年的《圣日耳曼条约》，南蒂罗尔归属于意大利。在这个协议之前，在南蒂罗尔一直居住有使用德语和使用意大利语的居民。归属于意大利以来，城中意大利语的人数有了较大的增长。目前，南蒂罗尔有70%的人口使用德语，30%的人口使用意大利语。而在梅拉诺，像我们在第二章中已经说明的，两种语言的人口数几乎相同。因此，在梅拉诺上小学的使用德语与意大利语的儿童的数量也几乎相同，这种情况为我们研究儿童的耐心是否沿着语言边界存在差异提供了可能性。这也正是本章中要研究的问题。德语属于能够用现在时态表达未来的语言，而意大利语正相反，属于必须用将来时态的语言（即使语法在日常中常常不被遵守）。按照陈的假设，语言的差异会引起对于等待的不同态度。梅拉诺的学校为验证陈的这个假设提供了理想的条件，因为孩子们相互是邻居，而上学却在不同语言的学校里。讲德语和讲意大利语的小学招生的区域相同。

在2012年的调查研究中，梅拉诺的小学生们为了评测他们的耐心需要做出3个决定。在每个决定中，他们必须选择马上得到2件礼物或者在4周后得到更多的礼物。

在图9-1中可以看到，讲德语和讲意大利语的儿童所做的决定中，愿意等待更多礼物的儿童所占的比例。在做这个评定时，我们只考虑了父母只讲意大利语或者

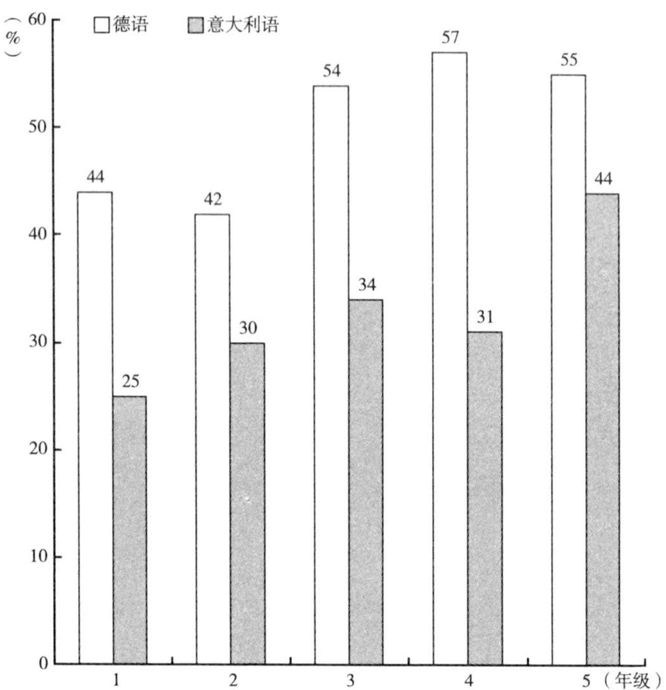

图 9－1　愿意等待未来更多礼物的小学生的相对频率（百分比形式）按使用意大利和使用德语的小学 1～5 年级儿童分别排列

来源：Sutler，Angerer，Glätzle-Rützler and Oberauer（2013）。

只讲德语的儿童。来自于父母一方讲德语一方讲意大利语的家庭的儿童被排除在外，因为这些双语家庭的儿童一般在双语环境中长大，较难定义语言的影响。在一年级，即 6～7 岁的儿童中，讲德语的儿童中的 44% 在所有决定中选择等待。而讲意大利语的儿童中有 25% 的儿童在所有决定中选择等待。在2~5年级中，讲德语的儿童选择等待未来得到更多礼物的相对频率比讲意大利语的儿童高至少10%。这意味着沿着语言的边界存在显著的差异。讲德语的儿童比讲意大利语的儿童明显地更善于等待，尽管他们来自同一个城市，按照相同的教学计划学习，成绩差不多，而且家庭结构（例如兄弟姐妹的数量）也非常相近。

如图9-2，在标题“总是不耐心”这一项下面，是每个年级中3个决定都选择马上得到2件礼物的学生的比例，从不等待。在一年级中，讲德语的儿童占27%，讲意大利语的儿童占57%。尽管在2~5年级中，这个相对比例有所下降，但是，在讲意大利语的儿童中的比例一直都比在讲德语的儿童中的比例高。而在“总是耐心”这一项中却相反。在这里，每个年级讲德语的儿童的比例都比讲意大利语的儿童比例高。语言群体之间的差异也存在于比较耐心的儿童中间，即“为4件和5件礼物等待，不为3件礼物等待”的儿童。在这里，讲德语的儿童比例也高。总而言之，讲德语和讲意大利语的儿童之间，在为4周后更多的礼物而等待的能力相差较大。

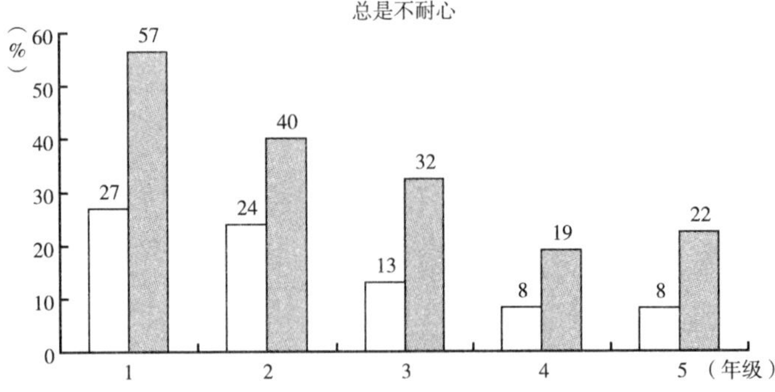
总是不耐心
(%)
60
50
40
30
20
10
0
57
27
40
24
32
13
19
8
22
8
1
2
3
4
5（年级）

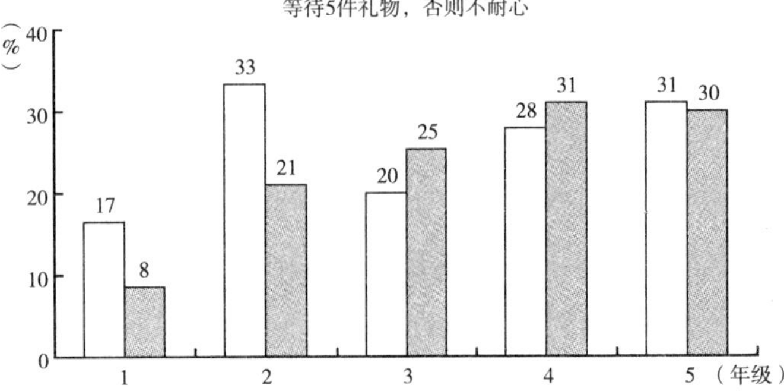
等待5件礼物，否则不耐心
(%)
40
30
20
10
0
17
8
33
21
20
25
28
31
31
30
1
2
3
4
5（年级）

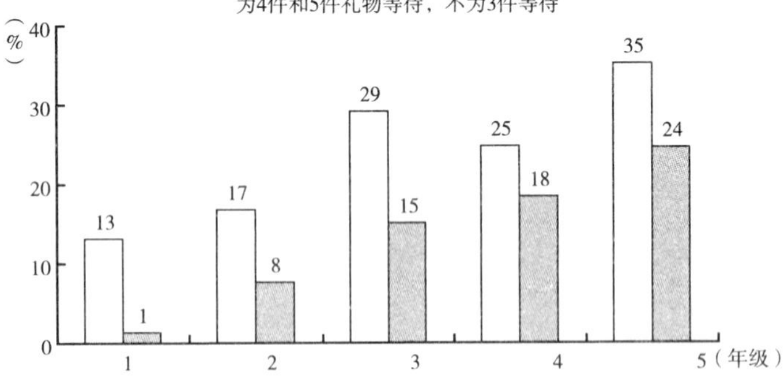
为4件和5件礼物等待，不为3件等待
(%)
40
30
20
10
0
13
1
17
8
29
15
25
18
35
24
1
2
3
4
5（年级）

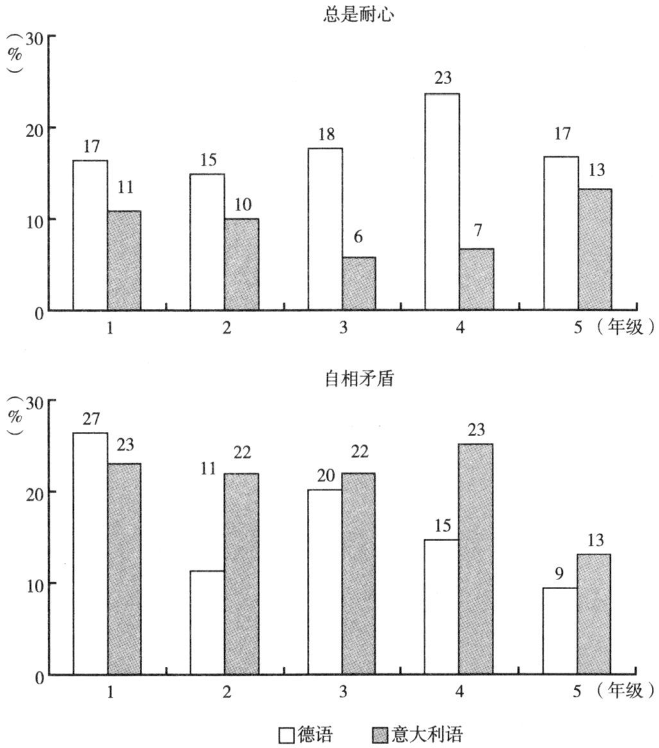

图 9－2　不同决策组合的相对频率——按 1～5 年级小学生使用德语和意大利语划分

来源：Sutler，Angerer，Glätzle-Rützler and Oberauer（2013）。

语言群组之间的差异可能来自于不同父母对于等待以至于储蓄的不同的价值观。为了追寻这个可能性，我们在 2013 年 9 月对梅拉诺的 177 名居民进行了一次询问调查。其中，87 人讲德语，90 人讲意大利语。他们的平均年龄为 41 岁，这意味着，这些人的年龄与小学生的父母年龄相当。其中一个问题涉及应该灌输给孩子的观念的重要性。对于“节约”这个词的重要性，德语母语与意大利语母语的被调查者之间并没有区别。对于被问到“耐心”或者“节约”对被调查者本人来说是否重要，两个语言群体之间同样没有区别。这个调查结果反驳了不同价值观对参与调查的小学儿童的决定有着显著影响的观点。当然，语言只是文化的一个方面，但是，是一个重要的方面。在我们的调查中，这意味着，德语母语与意大利母语的儿童之间的差距并不仅仅是由语言引起的。然而，我们的数据和陈的假设共同显示，语言从儿童时期开始就对耐心具有影响。

⑩ 神经经济学对人们决策行为的解释

——简单一瞥

在过去的 10～15 年中，综合了神经科学、心理学和经济学，发展出了一个被称为神经经济学的新的研究领域。这个高度跨学科的领域研究的是经济决策的生理基础。这本书的主题：关于当下与未来的权衡，是神经经济学的一个重要研究课题。人们希望从其研究成果中更好地理解，为什么有些人更急躁而有些人更富有耐心。

神经经济学的研究以成像过程，特别是功能核磁共振成像为基础。这意味着，实验参与者会被放入一台核磁共振成像设备中，以获得其大脑活动的高分辨率照片。简单来说，这种方法回答的问题是，人类的哪个大脑区域在做出某些决策时（如当某人做出决定选择今天的 10 欧元还是等待 3 周后的 11 欧元时）特别参与其中。

当然，人类的大脑是一个非常复杂的系统，不同的大脑区域在这种决策时的影响尚不完全清楚。跨期决策要求人们在比较早时候的一个较小金额与晚些时候的一个较大金额之间做选择。对于人类大脑在进行这项工作时的工作原理，目前有三种重要论断。第一种论断认为，两个不同的大脑区域在做出权衡时起作用：它们是位于大脑前部的前额叶皮层和属于大脑最老一部分发育系统的边缘系统的一部分。第二种论断认为，负责跨期决策的只有大脑中的一个系统，主要是前额叶皮层的一部分。这两个论断之间被认为具有重叠区域。大量的关于大脑做出跨期决定时活动区域的研究目前仍未得出清晰的结论，我们还不知道上述两个论断中哪个能够更好地解释这些数据。第三种论断的出发点是，尽管在大脑的一定区域中完成了对不同选项的主观估值，比如马上的 10 欧元或者 3 周后的 11 欧元，但是，另一个区域可能对选项之间的最后决定产生影响。这个区域也位于前额叶皮层（被称为背外侧前额叶皮层），能够对被选出的选项行使自我控制，尽管之前的有些选项显得更具所谓的吸引力。

自我控制与食物的选择

加利福尼亚州的托德·黑尔（Todd Hare）和他的同事们所做的一项实验就证实了上述的最后一种论断。研究人员们邀请了 37 名参与者，让他们躺在核磁共振检查设备中对 50 种不同的食物根据自己的口味和对健康的价值做出评判。之后，要求他们在两种食物之中做出选择，并说明其决策的力度，也就是要说明一种比另一种非常优先还是只是微弱地优先，或者他们从这两种食物中不能选出其中的一种。通过实际选择可以确认，某人在做出他的选择时，是只考虑口味还是也考虑了食物对健康的作用。研究人员把37名参与者分为两组。第一组中的18位参与者选择时几乎总是看这两种食物哪种口感更好，不考虑食物健康价值的主观评估。第二组的19位参与者只是根据哪种食物更健康做出选择。

托德·黑尔和他的同事们发现，在判断食物的味道和健康价值时，两组参与者的腹内侧前额叶皮层（位于前额的后面）的表现都非常活跃。很明显，在这部分皮层，某个行为选项被赋予一个主观值，可以理解为一个选项的吸引力度。值得注意的是，两组参与者腹内侧前额叶皮层区域的活跃程度大致相同，与他们所做出的决定无关。两组参与者之间的区别主要表现在背外侧前额叶皮层，这个区域在研究中通常被认为负责认知控制。当参与者从两种食物中选择那些虽然被认为口感较差但是更健康食物时，背外侧前额叶皮层被更强烈地激活，这种活动显然能促进自我控制能力。在这个实例中，自我控制能力意味着：为了达到长久的健康放弃更好的口感。

背外侧前额叶皮层的激活是否真的能够增加自我控制

能力呢？黑尔和他同事们的实验不能回答这个问题。因为这个脑区的激活与健康意识的决定都有可能在某些情况下受到其他因素的影响。要显示背外侧前额叶皮层激活对自我控制以及做出前瞻性行为具有因果关系，必须能够抑制这个大脑区域的激活，从而观察自我控制的程度是否减弱。令人惊讶的是，这是可以实现的！这需要应用一项被称作“经颅磁刺激”的技术：使用磁场刺激大脑的特定区域使其受到几分钟的刺激或限制。由于这种方法使得对大脑特定区域效果的检查成为可能，而被认为是神经科学研究的重要工具。

哥伦比亚大学的本恩德·菲格纳（Bernd Figner）和他的同事们共同研究了在使用经颅磁刺激抑制背外侧前额叶皮层的几分钟里，参与者做出跨期决策时发生的情况。这个课题的假设是：参与者在此时会做出不太耐心的决定。52 名实验参与者需要在较早而较小的金额与较晚而较大的金额之间做出 36 个选择。较大金额比较小金额多 0.5%～75%。当较早与较晚金额区别不大的时候（0.5%～10%）几乎所有的参与者都选择了较早的金额；当金额区别较大的时候（从 50% 开始）几乎所有的参与者都选择了较晚的金额。参与者有没有经颅磁刺激以抑制背外侧前额叶皮层，对于在这些金额中做出决定没有影响。而对于中等大小的金额，抑制则具有强烈的影响。背外侧前额叶皮层被抑制的参与者更经常地选择较早金额，比没有采取抑制的参与者多20%。菲格纳和他的同事们认为，这些实验结果可以作为人类的自我控制程度和耐心是通过背外侧前额叶皮层控制的例证。

“时间不一致性”的决策可以解释为两个大脑区域的相互作用吗

在第四章中我们引入了“时间不一致性”这个概念。这是人的一种决策模式。例如，某人在马上得到100欧元与明天得到101欧元之间选择马上得到100欧元，但是，在整整一年之后的100欧元与一年零一天之后的101欧元之间选择一年零一天之后的101欧元。“时间不一致性”是指某人根据时间的不同，对于备选项的权衡也相对不同，因而做出不同的决策。“时间不一致性”的后果是，当某人只需对未来的选项做出决定时，他只制订长期计划，而在对于当下的选项做出决定时则变得急躁。因此，人们更愿意明天开始储蓄而不是今天。做出“时间不一致性”决策的人往往更经常有或者有更多的信用卡债务。之所以会出现“时间不一致性”，是因为对这些人来说，“今天”具有特殊意义，在做个人决策时具有特殊价值。“今天与明天的差别比明天与后天的差别大。”人的大脑能解释这一点吗?

普林斯顿大学的塞缪尔·麦克卢尔（Samuel McClure）和他的同事们对于这个问题进行了研究。他们让 14 位实验参与者分别躺在核磁共振扫描仪中，利用核磁共振成像功能测量这些实验参与者们做出跨期决策时的大脑活动。参与者们需要在一个较早时间的较小金额与一个较晚时间（2～4 周之后）的较大金额之间做出选择。

所有的金额都在 5 美元至 40 美元之间变动。在几种可能性中，较小的金额可以马上拿到；而在另一些可能性中要 2 周或者 4 周后才能拿到。在所有的决策做出时，都可以观察到背外侧前额叶皮层的活跃程度增加。当选择的较小金额马上可以得到时，腹内侧前额叶皮层以及边缘系统被强烈激活。这表明，对于一个金额的即时拥有能够额外刺激大脑的附加区域，超出所有其他的决策。边缘系统的特别活跃提高了实验参与者做出“时间不一致性”决策的概率。麦克卢尔和他的同事们得出的结论是，大脑中的两个不同区域负责即时回报与未来回报的主观评估。背外侧前额叶皮层主要负责权衡所有选项；而大脑边缘系统则发出抓住即时奖励的脉冲。两个系统之间的相互作用导致了“时间不一致性”决策的产生。

莱比锡马克斯－普朗克人类认知和神经科学研究所的康斯坦茨·阿尔布雷希特（Konstanze Albrecht）和他的同事们一起（我也参与了这个课题的研究）想要知道，当由别人为自己做决策时，人们是否能避免“时间不一致性”决策。这个研究课题的出发点是：人们在为其他人做决策时，不会受到边缘系统的显著影响。为什么会如此呢？因为人们在为其他人做决策时，自身不能马上得到益处，因此边缘系统不会起作用。由于麦克卢尔和他的同事们证明了，边缘系统的活跃是导致“时间不一致性”行为的原因，阿尔布雷希特和他的同事们则假定，在为别人做决策时，边缘系统不会有特殊的活跃，因此不会出现“时间不一致性”的决策。

在这项实验中，28 位实验参与者为他们自己做出了 40 项决策，每个决策都是在一个近期较小的金额与未来一个较大的金额之间做出选择。另外，参与者们也为其他不认识的参与者做出了 40 项决策。核磁共振成像设备的数据显示，为别人做决策时，边缘系统确实没有为自己做决策时活跃。由此得出的结论是，在为别人做决策时，是否能够即时拥有待选的选项不会使大脑活动产生差异。因此，为别人所做的决策比为自己做出的决策出现“时间不一致性”的概率较小（尽管有时也会有）。这种差异在自己非常不耐心的参与者身上尤其明显。当为别人做决策时，这类参与者会很明显地选择较晚的较大金额。这表明，人们在做出与别人相关的决策时，比做出与自己相关的决策更有耐心。为什么为自己做决策时表现出强烈“时间不一致性”的人，在为别人做决策时不一样呢？我们将在下一章讲解这个问题。

十一 从行为科学研究的视角出发，如何改变急躁

奥德修斯怎样抵受海妖的诱惑
为什么“圣诞俱乐部账户”能够奏效

荷马史诗《奥德赛》中，描绘了奥德修斯王从征战多年的特洛伊回到家乡伊萨卡的流浪之旅。其中有一个著名的故事：希腊人抵御了海妖的诱惑。在荷马的描述中，正是具有远见的自我控制力，在濒死的绝境中拯救了他们。神秘的海妖们生活在一个海岛上，用她们旖旎的歌声勾引路过的水手。被歌声吸引而靠近海岛的水手将最终在峭壁上失去他们的生命。奥德修斯得到了女巫瑟茜的警告，但是仍渴望听到海妖那神秘的歌声，他让船员们用蜡封住耳朵，以免听到歌声，却命令把他自己捆在桅杆上，耳朵中没有封蜡。这样，他可以倾听海妖的歌声，尽管他为歌声着魔，命令他的船员们把船划向小岛，但船员们却听不到他的命令，从而安全地驶过了海妖的小岛。

奥德修斯知道他不能抗拒驶向小岛的诱惑，因此他杜绝了自己向船员下达有效命令的可能。当他想跟从海妖的诱惑让船员把船驶向小岛时，船员却听不到他的命令，因为船员的耳朵被蜡封住了。奥德修斯也因此得以在死亡的诱惑中保护了他的队伍。

在日常生活中，不能抗拒每天存在的诱惑尽管不会让我们马上死亡，但是，消费的诱惑、过度娱乐、油腻的食物等都可能带来长期的不良后果，如储蓄匮乏、考试准备不充分或者体重超重。怎样才能抵抗诱惑，让自我控制力与耐心发挥作用，从而使我们的长期目标不受威胁呢？

在美国有一种“圣诞俱乐部”账户，这是一种银行账户。在一年中，一般是从 1 月至 10 月底，开户人向这个账户中存钱，用来储备购买圣诞礼物的资金。这种账户的利息一般（相比于零存零取的账户）较高，因为开户人在 11 月以前想要动用这个账户的钱非常难。这种“圣诞俱乐部”账户与奥德修斯的策略如出一辙。开户人限制了自己资金简单快捷的可用性，就如同船员们的耳朵被用蜡封住了；用于抵御马上花掉那些钱的诱惑，就像奥德修斯驶向海妖岛的欲望（其结果是必然的死亡）。“圣诞俱乐部”账户帮助开户者在圣诞节到来的时候积攒足够的钱，为别人或者自己带来喜悦，就像奥德修斯能够享受海妖的歌声。

还有一些其他促进自我控制和耐心的方法。总的来说，就是对人们决策行为进行影响，使长期目标比较容易实现。我们从简单的干预开始，改变决策环境，把行为引导向我们期待的方向。

如何使员工储蓄更多的养老金

国家财政拨款的养老金制度几乎在所有发达国家中都达到了极限。社会日益老龄化使得缴纳养老金的在职人员越来越少而领取养老金的退休人员越来越多。国家养老福利缩减的结果是使员工越来越多地为他们退休后的收入多方谋划。通常情况下，养老金计划基于如下三个支柱：国家养老金、企业养老年金和私人养老金。

储蓄私人养老金要求放弃直接的消费，显而易见，这个支柱中的长期目标——拥有更多的养老金，是以耐心为先决条件的。如何能使员工更多地投资于私人养老金，放弃对一部分收入的消费，并且一直持续到好几十年之后退休的时候呢？美国的研究工作为这个问题的解决做出了贡献。

在美国，员工可以把收入的一部分投资于私人养老金［在当地称为“401（K）计划”，由税法中处理这类金额的相关条款而得名]。

投资的金额被雇主从工资中直接扣除，用于投资员工自己挑选的金融产品。企业新入职的员工必须通知人力资源部门，他是否愿意把工资的一部分用于私人养老金储蓄。打一个电话就能办好这件事。

哈佛大学的大卫·莱布森（David Laibson）和他的同事们通过一些研究发现，新入职员工中的20%～40%会在前两三个月中打电话给人力资源部，把他们工资的3%～4%投资于养老储蓄。有趣的是，如果企业采取一定的工作方法，投资养老金储蓄而放弃消费一部分工资的新入职员工的比例就会戏剧性地增加：当一个员工新入职时，人力资源部通知这名员工，他（她）的工资的一定比例将按惯例存入私人养老保险，如果这名员工不同意，则需要他（她）告知人力资源部，从而把他（她）的工资全部发放给他（她），不做养老金投资。和之前描述的一样，这名员工需要打电话改变这个预先的约定。大卫·莱布森和其他同事们发现，例如，在一个美国大型化工企业中，大约只有10%的员工打电话给人力资源部，要求不为养老金投资。向员工提供参与私人养老保险投资可能性的方法在这里起到了重要的作用。当员工需要付出打电话这个（最小的）成本而承担这笔自愿的支出时，只有相对较少的人会这么做。而当这个决策环境被很简单地倒转过来时，把养老储蓄作为一种可以不遵守的标准规定，大多数员工都把一部分金额做了自己的养老金储蓄，从而放弃了消费收入的一部分。

化工企业的例子证明了另外一点：作为养老储蓄的金额定为多少合适？一部分新入职的员工得到通知，他们收入的3%将被用于养老金储蓄，另一部分得到通知的比例是6%。这两种情况下，员工都可以通过致电人力资源部，既可以更改百分比也可以声明完全不参与储蓄。事实上的结果是：当6%作为标准比例时，4/5的新入职员工为养老金储蓄投资工资的6%甚至更多；当3%作为标准比例时，只有大约1/3的员工选择投资6%或更多。这个结果表明，决策环境的设定，在这个例子中是：选择更多的眼前收入或是投资更多的养老金，对人们的决策行为具有强大的影响力。

哥伦比亚大学的理查德·泰勒（Richard Thaler）和加州大学的什洛莫·本纳兹（Shlomo Benartzi）在洛杉矶研究出一套如何使做出“时间不一致性”决策的员工更多投资养老金储蓄的计划。“时间不一致性”意味着，当一项决策具有即刻效果时，某人强烈地以当下为导向；而当所有的效果都发生在将来时，他能够耐心地对待。具有“时间不一致性”决策倾向的人一般情况下完全不愿意或者只做很少量地为养老金储蓄，因为他们为此需要放弃一部分目前的收入。怎么才能使这一类人自愿地参与养老金储蓄呢？

泰勒和本纳兹在他们的实验中与美国的三家公司合作，一家电子公司，一家钢铁公司和一家加工企业。在实验开始时，这些企业中自愿参与养老金储蓄的员工只是非常有限的一部分。因此，企业领导向所有员工提出建议，把工资的3%作为私人养老金储蓄起来，并在下一年再提高3%，也就是第二年储蓄6%，第三年储蓄9%，第四年储蓄12%，第五年储蓄15%。5年之后不再做进一步增长，因为通过私人养老保险可以享受的税务优惠最高限制是工资的15%。尽管计划中预计的金额在之后的5年中按规律递增，但是每个员工可以在任何时候退出这项计划，或者按照自己的意愿，不受递增比例的限制，改变所承担的金额。

泰勒和本纳兹希望这样的计划能够吸引员工，因为这样的计划是从较小的金额开始，之后自动递增的。这个计划同时也是很灵活的，因为员工可以随时很便利地（例如给人力资源部打个电话）停止参与这个计划或者改变承担的金额。作为替代，不参加这个计划的每个员工要接受一个与财务顾问的免费咨询谈话，量身定制一个适合的金额，以便在退休时达到个人希望的财务保障。

储蓄计划在第一个企业中被推出，并且要在完整的5年期间实施。有80%的员工选择了这个自动递增的储蓄计划而不是个人财务咨询。在接下来的5年中，只有1/5的员工全部取消了储蓄计划中的金额，其他的员工都承担了这个金额，虽然有的人没有遵守自动递增的百分点，而是把每年递增的比例降低了一个或两个百分点。自愿参与养老金储蓄的比例平均从第一年的3%上升至第五年的近乎14%，只比最高的15%稍微低一点。不愿意参加储蓄计划的员工，在5年后只承担大约8%的金额，明显低于参加储蓄计划的员工。这项自动递增计划的作用在于，参与其中的员工比同一公司的另一组自愿参与养老金储蓄的员工承担了更多的金额。在其他两家公司中，也发现了同等性质的结果。这项计划也使那两家公司的自愿养老金储蓄有所增加。很显然，这项计划对许多员工具有吸引力，因为它开始于较小的金额，并通过随后的约定（可以撤销的）为未来的养老金带来了较大的贡献。与没有参与的员工相比，泰勒和本纳兹的这项计划帮助很多员工拥有了更好的退休福利。

养成良好习惯，能够等待并且身体强健

作为经济学工作者（或者说经济学家），我们通常习惯假定，人类的行为是会对外部刺激做出反应的。但是，为什么这不适用于耐心和前瞻性行为呢？基于耐心对于整个生命历程的重要性，我和我在因斯布鲁克大学的同事们对如何帮助 3 ~6 岁幼儿园阶段的儿童变得更为耐心进行了研究。我们为此走访了 200 名幼儿园的儿童。在访问的第一天，我们告诉孩子们，我们在第二天会再来，当我们再来的时候孩子们需要做出选择，希望马上得到 1 件礼物，还是愿意等一天而得到 2 件礼物。所谓“奖励”包括糖果、铅笔、气球、橡胶手环或者水果。每个孩子都可以选择他（她）最喜欢的。第二天，这 200 个孩子被分为两组，每组 100 个孩子。我们告诉第一组孩子，他们在选择马上得到 1 件礼物或者多等一天得到 2 件礼物时，无

论怎样选都可以先从我们的“商店”（里面有各种奖励）中拿到1件礼物，这将与他们做出的决定无关。拿到第1件礼物之后，这些孩子再做出他们的选择。而对第二组，我们则说，如果他们很乖地等到做完了关于马上得到1件礼物还是第二天得到2件礼物的决定，就可以从“商店”中选1件礼物，也就是说，对于第二组，我们强调说，得到1件礼物是因为他们很乖地等待了。

我们的假设是，第二组的孩子会更多地选择等待第二天的2件礼物，因为他们经历了“等待”是会被奖励的。我们确实在3~4岁儿童组中观察到了这个事实，但是在5~6岁儿童组中却没有。因“等待”被奖励的3~4岁儿童组中，选择等待第二天2件礼物的概率高出大约10%。这种差别在5~6岁儿童组中不具有统计意义。尽管要定义奖励对于儿童耐心度的意义显然需要更多的研究，我们的研究成果还是可以解读为，年龄在3~4岁的幼儿对于耐心等待的加固具有较强的反应，从而能更好地做出前瞻性的决定。

我们在研究中通过对于“等待”的奖励发出了一个信号：做出以长期为导向的决定是有好处的。孩子应该尽可能地形成这样的一个习惯，经常做出这样的决定。我们的一次性干预显然不能形成习惯，因此，我们希望在接下来的一年在这一点上继续研究。由加州大学圣塔芭芭拉分校的加里·夏内斯（Gary Charness）和芝加哥大学的乌里·格尼兹（Uri Gneezy）进行的一个实验证明，在强健身体这个问题上，经济刺激可以帮助养成良好的习惯。

夏内斯和格尼兹在圣地亚哥的加利福尼亚大学邀请了168名学生参与了这项研究，参与者们测量了与健康相关的一些指数，如体内脂肪、身体质量指数（BMI）、脉搏、血压等。每位参与者需要参加三次测量。参加第一次测量可以得到75美元的费用津贴，参加其他两次测量，每次可得到50美元。在第一次测量和第二次测量之间相隔1个月，在第二次测量和第三次测量之间相隔5个月。第一次测量的时候，参与者得到一个小册子，内容是关于经常进行体育锻炼对健康的好处。168名参与者被随机分为三组。第一组为所谓的对照组，只需要来参加三次测量，没有其他任务。第二组参与者被要求在第一次测量和第二次测量之间至少去1次大学的健身中心。第三组参与者被要求在第一次测量和第二次测量之间去健身中心8次。由于大学的所有学生在收到录取通知书并缴纳学费之后，都可以免费使用大学健身中心，因此去健身中心不会给实验参与者带来额外的支出。为了对第二组和第三组进行观察，夏内斯和格尼兹征得所有参与者的同意，在健身中心对他们去造访的频率进行了统计，因为进入健身中心必须使用学生证进行电子登记。经过参与者的同意，夏内斯和格尼兹对参与者们的体能训练从实验开始前的几个月至实验结束后的几个月进行了观察。尽管第二次测量时50美元的支付与去健身中心（1次或者8次）并没有明确挂钩，第二组56名参与者中的52名去了1次（按照要求）健身中心。第三组60名参与者中的55名去了8次（按照要求）健身中心。

第一组与第二组参与者在实验开始前的12周中去健身中心的次数为每周平均0.7次。经过13周的干预之后（第三次测量之后）平均造访次数上升为每周1次，也就是说，上升了40%。也许这种上升是信息小册子或者对于体育锻炼重要性认知的提高导致的，因为参与者被测量了三次多个重要的生物特征数据。然而在第一次测量和第二次测量之间，被要求8次去健身房的第三组参与者去健身中心的次数，从第一次测量前12周的每周0.5次上升为13周第三次测量后的每周1.8次。几乎是从前的4倍。第三组也是在测量期间健康指数有显著改善的唯一一组。

与其他两组相比，第三组的 BMI、体重、身体脂肪比率和腰围数据都明显降低。值得注意的是，这些数据在第一组和第二组中没有变化。每周去健身中心 1 次的邀请显然没有什么作用；而对第三组每个月去健身中心 8 次的要求却非常好。夏内斯和格尼兹对他们结果的解释是，每个月去健身中心 8 次足够使参与者养成一个良好的习惯。即使是在实验的第三次测量之后，这组参与者去健身中心的频率也比其他两组的参与者高出很多。

如果良好习惯的养成是对第三组参与者身上明显效果的决定性解释，人们可能会想，第三组参与者在实验开始之前是否已经有规律地去健身中心是否也会对此造成影响。对于规律健身者，研究的干预应该没有任何效果；而实验开始前极少健身的参与者的习惯养成在这里被特别明显地观察到了。夏内斯和格尼兹在他们的数据中也发现了这一点。为此，他们把第三组中的参与者按照研究开始前每周健身的次数进行了分组。每周健身 1 次或更经常的参与者被标记为习惯健身者；在实验开始前 12 周每周健身少于 1 次的被标记为不经常健身者。习惯健身者的平均造访次数为平均每周 1.9 次，并且在实验开始前与实验之后保持不变。而不经常健身者的造访次数从实验前的每周 0.2

次猛增到了实验后的每周1.4次。不经常健身者产生了如此大的变化。当我们想通过经济刺激（与多次去健身中心的义务挂钩）提高体育锻炼的频率时，应该去找那些不经常健身的人，因为这些人会对刺激会做出最大的反应，同时，他们身上改善健康的潜能也最大。这只是一个一般性的建议，因为健康政策的制定应该具有多种针对性。

对于学习和储蓄行为以及酒精消费的干预研究

与体育锻炼中通过奖励能够提高锻炼频率的情况相似，干预研究在学习和储蓄方面也具有正面的影响。不管是学习还是储蓄，都会引起短期的限制，通过对自由时间或消费可能性的限制，得到长期的受益。如具有良好工作前景的、更高等的职业教育或者更好的财务保障。

澳大利亚麦克里大学的梅甘·奥滕（Megan Oaten）和郑肯（Ken Cheng）研究了对学习和储蓄行为进行干预的效果。这项研究有45名学生参加。奥滕和郑在他们的学院中设计了一项伴学计划。这项计划持续8周，在此期间，计划参与者中的28名被随机选出，记录他们的学习行为，并接受一种关于如何最佳准备期末考试的个别咨询。在这种咨询中，他们与每个学生制订了一个关于在一定时间内完成某些作业的学习计划。另外的对比组中有17名学生，没有参与伴学计划，但是他们同其他28名参与伴学计划的学生一样，在计划开始和这8周之后计划结束的时候，需要填写一张关于个人生活和学习习惯的长长的表格。

不出意料，这两组学生准备考试的强度是有差异的。参加伴学计划的28名学生比对比组的学生每周多用于学习的时间超过10个小时。而让人们没有预期的是伴学计划对其他生活领域产生的“副作用”。例如，这28名学生更加注意健康饮食，减少了吸烟，喝的酒也少了，更经常参加体育运动。对这种“副作用”的解释可能在于：计划结束后是考试时段，参加了伴学计划的学生为考试准备得更充分，因而更有时间参加体育锻炼，给自己做健康餐而不是去快餐店用餐。除了列举上述这些简单的可能性作为解释以外，奥滕和郑还揭示出这个伴学计划对于提升学习成绩的效果。

奥滕和郑还做了一项类似的研究。他们对麦克里大学的 29 名学生实行了一项财务监督计划，其他 20 名具有可比性的学生作为对比组，没有参与财务监督计划。在计划持续的 4 个月中，参与计划的 29 名学生必须每天对自己的收入和支出进行记录。这 29 名学生和对比组的学生要参加每月 1 次的关于生活状况的调查。作为调查的一部分，还要进行一个认知控制能力测试，参与者在屏幕上跟踪一些移动的物体，几秒钟之后把它同其他物体区别开来。在 4 个月的过程中，两组学生之间的差异呈现出递增。29 名财务监督计划的参与者拥有了更多的储蓄（收入不变但支出减少），认知控制能力也有所提高。奥滕和郑提出，提升的认知控制能力与增加的储蓄是相互关联的。而认知控制能力的锻炼对于前瞻性决策非常重要，可以锻炼自我控制能力和耐心。

最后一个例子来自于马斯特里赫市和阿姆斯特丹的卡特琳·胡本（Katrijn Houben）以及她的同事们。他们通过对 48 位酗酒者的研究证明了这种关联。慢性饮酒者的脉冲控制往往非常低，因为他们的认知能力很薄弱。但是认知能力是可以训练的。胡本和同事们从 48 人中随机选择了 20 人，让他们在一个月中每天通过三项任务锻炼认知能力。在第一项任务中，屏幕上有多个同样大的正方形，其中的一些上有连续变化的颜色。参与者的任务是把改变了颜色的正方形按照原来的顺序排好。第二项任务是，在屏幕上短时间显示 1 个数字，参与者则需要在显示之后把这个数字的位数写出来。第三项任务是，屏幕上短时间显示排列成环形的字母，这个图像消失以后，在一个字母曾经所在的位置上显示 1 个“十”字，要求参与者把在这个位置上的字母正确地写出来。这项对于认知能力的训练是这样进行的：在一次训练开始时，任务一总是有 3 个正方形；任务二有 3 个数字；任务三有 3 个字母。当参与者能够在一项任务中连续两次给出正确答案，任务中的事物就会增加一个（1 个正方形、1 个数字或者 1 个字母）。当事物达到一定数量，参与者连续两次给出错误答案时，事物就会减少 1 个。在一个月中，20 位参与者的平均成绩从每个任务中大约 6 个事物提高到大约 9 个。训练显示出了研究者所期待的正面效果。其余的 28 名参与者也被要求每天完成这三个关于认知控制的任务，然而没有进行训练。就是说这 28 名参与者一直用没有锻炼效果的 3 个事物练习，一直没有效率的提高。

胡本和同事们认为，参与认知能力改善锻炼的一组参与者对他们的酗酒行为的控制能力也应该有所提高，从中长期来看，这会给他们自身带来非常正面的影响。研究人员确实发现了其中的关联。参与训练的一组在持续约一个月的干预过程中饮酒的数量减少了大约30%，而没有训练的对比组在这期间的饮酒数量完全没有变化。训练与提升的认知控制能力导致了酒精饮品消费的减少。特别重要的一点是，这个减少的数量在干预结束后没有反弹，也就是说在每天训练的阶段结束后，保持了至少一个月。

经由这样的结果，人们可以推测，对于认知控制能力的训练是否也能够为其他关于当下与未来的重要决策带来正面的影响呢？例如消费与储蓄，或者选择早些有收入还是接受不能马上带来收入的职业教育。与此相连的另一个问题是，认知能力的改善结果（长远的结果）在哪个年龄段表现最佳？许多学科的科学工作者都在追寻这个问题的答案，他们将会在今后的几年中，对于怎样锻炼耐心与自我控制能力，从而更好地做出前瞻性决策，获得更深入的了解。

十二 克拉拉，埃尔克和下一代：本书中最重要的认知是什么

又是一个新年前夜，这一次，克拉拉邀请了她最好的朋友埃尔克。10 年过去了，她们两个现在都已经 45 岁了。埃尔克在夜校完成了会考，实现了 10 年前她在一个新年前夜对自己的要求。6 年前她的女儿来到了这个世界上，孩子现在上一年级了。碰巧的是，女儿的老师就是当初给她和克拉拉上课的老师。埃尔克告诉克拉拉，那位老师在圣诞假期前的最后一个课时，像 40 年前一样，给每个孩子在课桌上放了一包打开的小熊软糖和一包没有打开的小熊软糖，然后告诉孩子们，能够在接下来的 15 分钟，直到放学前，不从打开的包装里拿糖吃的孩子，可以把没有打开的那包小熊软糖拿回家。“你知道吗，”埃尔克高兴地告诉克拉拉，“我女儿是带着两包糖回家的，那包打开的和那包没打开的。我觉得，她比我可耐心多了……”克拉拉为埃尔克和她的女儿高兴，因为她知道，耐心对于以后的人生道路是多么重要。耐心会使埃尔克的女儿比较容易完成一个好的职业教育，从而得到一个好工作。这会让她避免经济上的担忧。自我控制能力也会帮助她注意饮食健康和参加足够的运动，保持良好的健康状况。克拉拉记得她曾经读到过，比较有耐心的人寿命会更长。

克拉拉和埃尔克的这一幕简要地总结了本书前面章节中最重要的认知：耐心的作用并不仅仅体现在等着得到小熊软糖的时候，在许多重要的方面，如教育、职业前景或者是自身的健康中都会体现出来。本书最重要的启示在于：儿童时期的耐心度与自我控制力对于人们今后的生活道路具有值得重视的预测能力。不同的纵向研究向我们展示了儿童时期的耐心与成年后人生成就之间的关联。因此，对于那些在4~5岁时可以为2件礼物耐心等待，而不是马上拿到1件礼物的儿童，成年之后的状况，平均而言可以做出如下陈述：

——他（她）们学习成绩较好，会受到较好的教育，多年的职业教育使他（她）们具有更长的持久力。

——他（她）们有更好的就业机会，因而有更高的收入，很少遇到财务困境。

——他（她）们极少意外怀孕或生子，成年后过单亲生活的也较少。

——他（她）们触犯法律的概率很低。

——他（她）们极少沾染成瘾行为，如赌博、酗酒或者吸毒。

——他（她）们的健康状况一般较好。

我想强调的是，这些陈述并不是在各种情况下都适用，只是这些陈述或多或少地、更经常地发生在那些儿童时期比较耐心的人身上。除了耐心以外，当然还有许多对于人生道路意义深远的其他因素，如智力、家庭背景。然而，耐心所起到的作用之大是令人吃惊的。耐心可以部分替代智力或者优越的家庭条件。恒心往往引导我们走向目标。就像一句波斯谚语所说的：耐心是棵大树，根茎苦涩，果实甜美。能够等待，能够持久地追求未来的一个远大目标（就像一个大大的奖励），意味着在开始时放弃一个个小奖励带来的快速满足（所谓苦涩），在这样的过程中能够孕育出长期的果实（所谓甜美）。

幼儿期的环境条件（如母乳喂养）似乎可能对儿童的耐心产生影响；母语以及照料者的可靠性也是如此。由于这些因素是儿童自身无法改变的，那么哪些干预能够对人们的决策具有积极的长期影响呢？许多研究人员对此研究的兴趣日益浓厚。如前面章节中提到的去健身中心锻炼的事例所反映的，激励对于培养良好的习惯具有重要意义。养老金的规定能够促进前瞻性的储蓄，如前所述，要为员工们规定养老金储蓄的金额而不是让员工们自己主动去办理这个金额的缴纳。对于认知控制能力的训练可以增强决策时的自我控制力和耐心。鉴于耐心长期积极的效果，未来将要考虑的是，在我们的教育和职业教育系统中，怎样的干预可以促进耐心和恒心。这样的投资无疑会带来丰厚的回报。

参考文献*

Konstanze Albrecht, Kirsten Volz, Matthias Sutter, David Laibson und Yves von Cramon (2011), What is for me is not for you: Brain correlates of intertemporal choice for self and other. SCAN – Social Cognitive and Affective Neuroscience, Vol. 6, S. 218–225. [10]

Björn Bartling, Ernst Fehr, Barbara Fischer, Fabian Kosse, Michel Maréchal, Friedhelm Pfeiffer, Daniel Schunk, Jürgen Schupp, C. Katharina Spieß und Gert G. Wagner (2009), Determinanten kindlicher Geduld – Ergebnisse einer Experimentalstudie im Haushaltskontext. In: Schmollers Jahrbuch, Vol. 130, S. 297–323. [7, 8]

John Beshears, James J. Choi, David Laibson und Brigitte C. Madrian (2008), The importance of default for retirement saving outcomes: Evidence from the United States. In: Stephen J. Kay und Tapen Sinha (Hrsg.), Lessons from Pension Reform in the Americas. Oxford University Press, S. 59–87. [11]

Stephen Burks, Jeffrey Carpenter, Lorenz Goette und Aldo Rustichini (2009), Cognitive skills affect economic preferences, strategic behavior, and job attachment. In: Proceedings of the National Academy of Sciences, Vol. 106, S. 7745–7750. [5]

Christopher F. Chabris, David Laibson, Carrie L. Morris, Jonathan P. Schuldt und Dmitry Taubinsky (2008), Individual laboratory-measured discount rates predict field behavior. In: Journal of Risk and Uncertainty, Vol. 37, S. 237–269. [3]

Gary Charness und Uri Gneezy (2009), Incentives to exercise. In: Econometrica, Vol. 77, S. 909–931. [11]

M. Keith Chen (2013), The effect of language on economic behavior: Evidence from savings rates, health behaviors, and retirement assets. In: American Economic Review, Vol. 103, S. 690–731. [9]

Stefano Della Vigna und Daniela Paserman (2005), Job search and impatience. In: Journal of Labor Economics, Vol. 23, S. 527–588. [5]

* 注：文献来源按第一作者的姓氏字母顺序排列。[ ] 内标明的是相关文献的章节。

Thomas Dohmen, Armin Falk, David Huffman und Uwe Sunde (2010), Are risk aversion and impatience related to cognitive ability? In: American Economic Review, Vol. 100, S. 1238–1260. [8]

Inge-Marie Eigsti, Vivian Zayas, Walter Mischel, Yuichi Shoda, Ozlem Ayduk, Mamta B. Dadlani, Matthew C. Davidson, J. Lawrence Aber und B. J. Casey (2006), Predicting cognitive control from preschool to late adolescence and young adulthood. In: Psychological Science, Vol. 17, S. 478–484. [8]

Matt Field, Mary Santarcangelo, Harry Sumnall, Andrew Goudie und Jon Cole (2006), Delay discounting and the behavioural economics of cigarette purchases in smokers: the effects of nicotine deprivation. In: Psychopharmacology, Vol. 186, S. 255–263. [3]

Bernd Figner, Daria Knoch, Eric J. Johnson, Amy R. Krosch, Sarah H. Lisanby, Ernst Fehr und Elke U. Weber (2010), Lateral prefrontal cortex and self-control in intertemporal choice. In: Nature Neuroscience, Vol. 13, S. 538–539. [10]

Bart H. H. Golsteyn, Hans Grönqvist und Lena Lindahl (2013), Adolescent time preferences predict lifetime outcomes. In: Economic Journal, im Druck. [6, 7, 8]

Todd A. Hare, Colin F. Camerer und Antonio Rangel (2009), Self-control in decision-making involves modulation of the vmPFC valuation system. In: Science, Vol. 324, S. 646–648. [10]

Katrijn Houben, Reinout W. Wiers und Anita Jansen (2011), Getting a grip on drinking behavior: Training working memory to reduce alcohol abuse. In: Psychological Science, Vol. 22, S. 968–975. [11]

Celeste Kidd, Holly Palmeri und Richard N. Aslin (2013), Rational snacking: Young children's decision-making on the marshmallow task is moderated by beliefs about environmental reliability. In: Cognition, Vol. 126, S. 109–114. [8]

Samuel M. McClure, Keith M. Ericson, David I. Laibson, George Loewenstein und Jonathan D. Cohen (2007), Time discounting for primary rewards. In: The Journal of Neuroscience, Vol. 27, S. 5796–5804. [4]

Samuel M. McClure, David I. Laibson, George Loewenstein und Jonathan D. Cohen (2004), Separate neural systems value immediate and delayed monetary rewards. In: Science, Vol. 306, S. 503–507. [10]

Stephan Meier und Charles Sprenger (2010), Present-biased preferences and credit card borrowing. In: American Economic Journal: Applied Economics, Vol. 2, S. 193–210. [5]

Stephan Meier und Charles Sprenger (2012), Time discounting predicts creditworthiness. In: Psychological Science, Vol. 23, S. 56–58. [5]

Stephan Meier und Charles Sprenger (2013), Discounting financial literacy: Time preferences and participation in financial education programs. In: Journal of Economic Behavior and Organization, Vol. 95, S. 159–174. [5]

Walter Mischel, Yuichi Shoda und Monica L. Rodriguez (1989), Delay of gratification in children. In: Science, Vol. 244, S. 933–938. [1, 6]

Terrie E. Moffitt, Louise Arseneault, Daniel Belsky, Nigel Dickson, Robert J. Hancox, HonaLee Harrington, Renate Houts, Richie Poulton, Brent W. Roberts, Stephen Ross, Malcolm R. Sears, W. Murray Thomson und Avshalom Caspi (2011), A gradient of childhood self-control predicts health, wealth, and public safety. In: Proceedings of the National Academy of Sciences, Vol. 108, S. 2693–2698. [6, 8]

Megan Oaten und Ken Cheng (2006), Improved self-control: The benefits of a regular program of academic study. In: Basic and Applied Social Psychology, Vol. 28, S. 1–16. [11]

Megan Oaten und Ken Cheng (2007), Improvements in self-control from financial monitoring. In: Journal of Economic Psychology, Vol. 28, S. 487–501. [11]

Yu Ohmura, Taiki Takahashi und Nozomi Kitamura (2005), Discounting delayed and probabilistic monetary gains and losses by smokers of cigarettes. In: Psychopharmacology, Vol. 182, S. 505–518. [3]

Nancy M. Petry und Thomas Casarella (1999), Excessive discounting of delayed rewards in substance abusers with gambling problems. In: Drug and Alcohol Dependence, Vol. 56, S. 25–32. [3]

Matthias Sutter, Silvia Angerer, Daniela Glätzle-Rützler und Philipp Lergetporer (2013), The effects of language on children's intertemporal choices. Universität Innsbruck, Arbeitspapier. [2, 9]

Matthias Sutter, Silvia Angerer, Daniela Glätzle-Rützler und Manuela Oberauer (2013), Intertemporal preferences of kindergarten kids. Universität Innsbruck, Arbeitspapier. [2]

Matthias Sutter, Martin Kocher, Daniela Glätzle-Rützler und Stefan Trautmann (2013), Impatience and uncertainty: Experimental decisions predict adolescents' field behavior. In: American Economic Review, Vol. 103, S. 510–531. [2, 3, 5]

Richard H. Thaler und Shlomo Benartzi (2004), Save more tomorrow: Using behavioral economics to increase employee saving. In: Journal of Political Economy, Vol. 112, S. S164–S187. [11]

致　谢

如果艾克文出版社的汉内斯·施泰纳（Hannes Steiner）和克里斯蒂娜·金德（Christina Kindl）没有来拜访我，也许我就不会写这本书了。他们认为我所研究的课题非常令人兴奋，应该让广大读者了解，他们激发了我对这个项目饱满的热情。我希望通过乔·拉博（Joe Rabl）的认真编辑，呈现给读者一本非常有趣同时又极具知识性的书。

我个人关于耐心这个主题的研究受益于与合作者们的共同工作，他们的名字分别是：康斯坦茨·阿尔布雷希特（Konstanze Albrecht），西尔维娅·安格尔（Silvia Angere），丹妮拉·格莱茨勒－吕茨勒（Daniela Glätzle-Rützler），马丁·科赫（Martin Kocher），大卫·莱布森（David Laibson），斯特凡·特劳特曼（Stefan Trautmann），克尔斯滕·弗尔兹（Kirsten Volz），伊夫·冯·科拉蒙（Yves von Cramon）和雷温特·伊尔玛兹（Levent Yilmaz）。

感谢如下机构的良好合作使得这项研究成为可能：

（意大利）南蒂罗尔和（奥地利）北蒂罗尔的学校管理局。

哈廷幼儿园，卡拉姆萨赫幼儿园，福尔斯西区幼儿园，福尔斯救火队幼儿园，弗拉萨克－塔恩贝格幼儿园，瑞士的巴巴拉幼儿园等。

梅拉诺的埃尔科特小学、基尔姆小学、施威特茨小学、斯尼赫小学、塔佩奈尔小学、沃尔肯施泰恩小学、德·阿米西斯小学、帕斯克利小学、伽利略小学、乔瓦尼二十三世小学、列奥纳多·达芬奇小学、圣尼科洛小学等，瑞士的弗尔兹小学、因斯布鲁克肯特布鲁克的汉斯·萨克斯小学。

联邦文理高中，联邦实科中学，因斯布鲁克莱特曼街体育实科中学，瑞士联邦实科中学，瑞士联邦实科高等中学，瑞士波林圣公会中学，蒂罗尔州哈尔市的方济会中学，库夫施泰因联邦文理中学和联邦实科中学，因斯布鲁克乌尔苏林经济实科中学。

还要感谢格尔林德·克里斯坦德（Gerlinde Christandl）、卡琳·杜尔贝格尔（Karin Dürnberger）、希尔德嘉德·福洛克（Hildegard Flöck）、多丽丝·弗里德尔（Doris Friedel）、布里吉特·弗洛里克（Brigitte

Fröhlich)、玛利亚·弗洛特施尼克（Maria Frotschnig）、马科斯·格尼格勒（Max Gnigler）、阿道尔菲尼·格施丽丝尔（Adolfine Gschließer）、西格蒙德·黑尔（Sigmund Heel）、哥特弗里德·海斯（Gottfried Heiss）、密西艾拉·胡斯（Michaela Hutz）、克里斯特尔·卡格尔（Christl Kager）、乌里克·昆斯特勒（Ulrike Künstle）、加布里埃拉·库斯塔特施尔（Gabriella Kustatscher）、赫尔曼·雷格特波特尔（Hermann Lergetporer）、巴巴拉·琉丝（Barbara Liussi）、丹妮埃拉·勒夫勒（Daniela Löffler）、玛利亚安吉拉·马德拉（Maria Angela Madera）、鲁道夫·梅拉尼尔（Rudolf Meraner）、艾维琳·米勒－布尔格尔（Evelin Müller-Bürgel）、艾娃－朵拉·欧博莱特尔（Eva Dora Oberleiter）、布里吉·特欧特尔（Brigitte Öttl）、克劳迪娅·佩特尔（Claudia Pertl）、托马斯·普兰肯施泰奈尔（Thomas Plankensteiner）、乌左拉·普利耶尔（Ursula Pulyer）、格哈德·赛莱尔（Gerhard Sailer）、贝恩哈特·施莱特尔（Bernhard Schretter）、彼得－保罗·施泰凌格尔（Peter Paul Steinringer）、瓦雷·瓦尔博内塞（Vally Valbonesi）、莱茵霍尔德·福尔（Reinhold Wöll）和安东·茨梅尔曼（Anton Zimmermann）。这项研究在资

金上得到了奥地利国家银行研究基金（银禧基金项目12588和14680）和蒂罗尔州政府（研究项目315/40.3）的资助。

为出版社写书需要完全不同的写作风格，这与多年以来我作为科学工作者在英语专业期刊发表文章形成的文风完全不同。幸好我的太太海顿毕业于德语语言文学专业，她逐章地仔细阅读文稿，提出了大量的修改建议，大幅提升了本书的可读性。我衷心地感谢她！

因斯布鲁克，佛罗伦萨

2014年1月

图书在版编目(CIP)数据

耐心比天赋更重要：陪孩子走向最美的未来 /（奥）萨特著；乐竞文译. -- 北京：社会科学文献出版社，2016.7

ISBN 978 - 7 - 5097 - 9117 - 2

Ⅰ.①耐… Ⅱ.①萨… ②乐… Ⅲ.①儿童教育 - 家庭教育 Ⅳ.①G78

中国版本图书馆 CIP 数据核字（2016）第 096274 号

耐心比天赋更重要

——陪孩子走向最美的未来

著　　者 / [奥] 马蒂亚斯·萨特
译　　者 / 乐竞文

出 版 人 / 谢寿光
项目统筹 / 顾婷婷
责任编辑 / 杨　轩

出　　版 / 社会科学文献出版社·电子音像分社图书编辑部（010）59367069
地址：北京市北三环中路甲 29 号院华龙大厦　邮编：100029
网址：www.ssap.com.cn
发　　行 / 市场营销中心（010）59367081　59367018
印　　装 / 北京季蜂印刷有限公司

规　　格 / 开　本：880mm × 1230mm　1/32
印　张：6.5　字　数：96 千字
版　　次 / 2016 年 7 月第 1 版　2016 年 7 月第 1 次印刷
书　　号 / ISBN 978 - 7 - 5097 - 9117 - 2
著作权合同登记号 / 图字 01 - 2015 - 6034 号
定　　价 / 38.00 元